「味噌汁・ご飯」授業シリーズ

日常授業の改善で子供も学校も変わる！
学力向上プロジェクト

野中信行 監修
北広島市立大曲小学校長
横藤雅人 編著・北広島市立大曲小学校 著

明治図書

序文にかえて

大曲小学校の「新しさ」とは何か

北海道学校力向上事業アドバイザー　野中信行

　本書を執筆した北海道北広島市立大曲小学校を支える取り組みには，次のような特長がある。

　まず1つ目は，校内でも，あるいは校外へ開かれたものでも，「研究会」ではなく「研修会」として位置づけられていることである。今までの研究会方式の方法論を選んでいないのである。

　2つ目は，研修内容を「ごちそう」授業から「味噌汁・ご飯」授業への転換だと提起していることである。「味噌汁・ご飯」授業とは，私たちが提唱した「日常授業」を表す言葉なのだが，その方法を選び取っている。「日常授業」の改善にターゲットを絞った研修が行われているのである。

　3つ目は，校内，公開の研修会を全員参加の「ワークショップ」型に変えていることである。全員の先生方が主体的に「日常授業」の改善に立ち上がるということが大きなねらいになっている。

　4つ目は，各学年の最低学力保障を明示していることである。大曲小学校は，学力的にも決して十分な状態ではなく，さまざまな指導を必要としている。そのような中で，各学年でここまで身に付ける学力ということを明示し，それを「日常授業」で迫ろうという意気込みを明確にしたのである。

　教育困難な時代に，きびしい学校からこういうメッセージが届けられている。この実践のベースを作り上げたのは，北海道教育委員会の「学校力向上」の事業。現在，19校がこの指定になっている。指定校には，3，4人の教師と事務職1人が加配される。このことで学校に余裕をもたらしている。一方で，学校は毎年約2名の初任者を受け入れ，人材育成のミッションも背負っている。重点目標の1つが，「日常授業」の改善。今，日本の学校現場に最も必要な施策が実現されているのである。

　その中から，こうして大曲小学校の実践が生み出された。これからの日本の「授業研究」のあり方を指し示す，1つの狼煙が上がったのである。

はじめに

　本校は，平成24年度から北海道教育委員会の「学校力向上に関する総合実践事業」（以下，「学校力向上事業」）の指定を受けた。同事業の取り組み項目の中に日常授業の充実や基礎学力の保障等があり，それらへの具体的な取り組みと成果の報告が求められた。

　一般に，教育委員会の指定事業は，児童の学力がある程度高く，意欲ある教職員が揃っている学校で引き受けることが多い。しかし，本校は違っていた。

　まず，学力が低かった。全国学力・学習状況調査の結果は，全国でも低い北海道の中で，ずっと最下位層に位置していた。また，同調査の質問紙項目「自分にはよいところがある」への肯定的な回答がかなり低かった。

　体位はほぼ全国並であるが，肥満率が高く，体力も運動能力も全項目で低かった。テレビやゲームに費やす時間も全国ワースト。これらと関連して，生徒指導上の課題も多く，教職員は対応に追われ，疲れ，自信を失っていた。

　しかし，着任した私は児童，保護者，地域の方，そして教職員がどんどん好きになっていった。本校の児童は人懐こく純朴である。保護者や地域の方，教職員も温かく，教育に熱意をもっていることが伝わってきた。学校力向上事業の取り組みを中心に，学校改革が実現すれば，きっとこの学校に関わるすべての人が元気になると思った。

　学校力向上事業では，「学校力向上アドバイザー」という道内外の有識者が多数選ばれており，様々な分野の方から学ぶことができる。そのアドバイザーのお一人に，横浜の野中信行先生がおられた。野中先生は，日常授業を改善することの重要性を訴え，具体的な方法を「『味噌汁・ご飯』授業」と名付けて提案されていた。これは，公開するときだけの特別仕立ての「ごちそう授業」に対比した命名で，日常授業に簡素な考え方と方法で取り組もうという主張である。その学習規律の重視や全員参加の具体的な提案は，本校の実態に合っていると思った。自分の指導方法を見つめ直すための「一人研

究授業」も，とても分かりやすいと思った。

　そこで，私は機会あるごとに野中先生の著作やブログを職員に紹介していった。それを受けて，研修部は，「味噌汁・ご飯」授業の理論研修や提案授業を実施した。その上で，野中先生に直接学ぶ場を設けた。それは，3年間で4回に及んだ。内容は，野中先生の児童に対する授業が3本，講演が2本，そして本校の公開授業研修会への参加が1回である。

　このような取り組みを通じて，本校の「味噌汁・ご飯」授業が徐々に見えてきたところである。授業に集中できる児童が増え，各種学力検査の数値もようやく上がり始めた。もっとも問題だった児童の自己肯定感の数値も上がりつつある。何より教職員が明るくなってきた。保護者アンケートの回収率も上がり，学校の取り組みへの肯定的な評価が増えてきた。まだまだ課題は山積みだが，これからもこの取り組みを継続・発展させたい。

　本書執筆のために会員を募り，8名による校内「味噌汁・ご飯」授業研究会が発足した。(月に1，2回，勤務時間終了後の会なので，意欲はあっても子育てや介護などで執筆陣に加われなかった者もいたのが残念である。)編集会議には，各自が「一人研究授業」の記録を持ち寄り，互いに批評し合った。その後，執筆項目の原稿を読み合う。この中で，一人一人の授業の技量は確実に向上し，また同僚性も高まった。このような貴重な機会をくださった野中先生，明治図書編集部木山さん，そして本校の取り組みに多大な御支援をくださった北海道教育委員会の皆様，学校力向上事業アドバイザーの皆様へ心から感謝申し上げる。ありがとうございました。

　平成27年7月

北広島市立大曲小学校　校長　横藤雅人

※学校力向上事業については，北海道教育委員会のホームページを参照戴きたい。要綱も以下から閲覧できる。
http://www.dokyoi.pref.hokkaido.lg.jp/hk/gky/hk/gky/gakkouryoku/top.htm

目次

序文にかえて　3
はじめに　4

第1章　「味噌汁・ご飯」授業が成功する学校全体の取り組み　9

1	学習規律を確立し徹底させる	10
2	ユニット法で授業を3つに分割する	15
3	ノートと板書は一体的に展開する	20
4	基礎学力を保障する	25

第2章　「味噌汁・ご飯」授業はこう進める―各学年の実践事例　31

1	1年国語・ばめんのようすをおもいうかべてよむ	32
2	2年算数・かけ算の九九づくり	39
3	3年算数・円と球	47
4	4年国語・漢字に親しむ―漢字の島めぐり	51
5	5年国語・雪わたり	57
6	6年国語・きつねの窓	65
7	6年算数・拡大図と縮図	72

| 第3章 | 「味噌汁・ご飯」授業を振り返る一人研究授業 | 81 |

1	一人研究授業・**言葉，確認，フォロー**	82
2	一人研究授業・**指導言，言葉遣い，目線**	87
3	一人研究授業・**課題とまとめ，全員参加，ノート指導**	92
4	一人研究授業・**おしゃべり授業の克服，ユニット法**	100
5	一人研究授業・**課題とまとめ，フォロー，板書**	104
6	述懐・**補欠授業もしっかりと**	110

| 第4章 | 「味噌汁・ご飯」授業を支える日々の取り組み | 113 |

1	学校改革の鍵となる校内研修	114
2	確かな学力を保障する「2つの検定」	122
3	教えて考えさせる授業	129
4	「学年年間教育計画」「スタートカリキュラム」の作成と活用	131
5	学びを促進する環境の整備	139
6	学習習慣・方法・内容を定着させる家庭学習	143
7	書く力を鍛える「論理作文」	148
8	授業の課題を10分で明確にする課題道場	155

| コラム | **検定の風景** 30
チャレンジわり算のす・す・め 80
まとめはいつ提示？ 111
家庭学習交流 112

おわりに　158
執筆者紹介　159

第1章
「味噌汁・ご飯」授業が成功する学校全体の取り組み

　第1章では,『日々のクラスが豊かになる「味噌汁・ご飯」授業　国語科編』で提案された「学習規律」「分割授業」「ノート指導」「最低学力保障」などに,学校全体でどう取り組んだのかを報告する。

大曲小学校前景（平成27年度は開校124年目。児童数449名）

第1章

1 学習規律を確立し徹底させる

1 「学びの約束」の導入と進展

　学習規律がしっかりしていなければ，安定した，テンポのいい授業はできない。そこで，本校では統一した「学びの約束」を決めた。全学級が同じ「学びの約束」の下，学習規律の確立と徹底に取り組むことには，当初不安や戸惑いの声もあったが，実際に取り組んでみると，学校全体が落ち着き，特に年度替わりの時期に児童がスムーズに順応できることなどが確認できた。そして，徐々に「共通の規律があることはいいことだ。」と変わっていった。

　平成24年度前半，学習規律の導入にあたって，次のように取り組んだ。
(1) 児童の実態の捉えを共有する
　まず各教職員が児童の実態をどのように捉えているのかを共有し，改善点を明らかにするためのワークショップを実施した。「本校児童のいいところ・困ったところ」「今後，身につけさせなくてはならないこと」を出し合い，ＫＪ法で整理したのである。これにより，「学習規律は必要だ。」と感じている教職員が多いことが顕在化し，「読み・書き・計算」の基礎学力の保障や学習規律の定着に取り組む必要性が共有できた。次ページは，ＫＪ法で出された意見である。
(2) 必要な項目を明らかにする
　その後，「具体的にどんな規律が必要か」のアンケート調査を行った。多数の意見が寄せられた。この結果を元に，再び研修の場で意見を出し合い，20か条の「学びの約束」と学習用具の約束をまとめ，2学期から「学びの約束」を全学級に掲示した。
(3) 取り組んでの感想を交流する
　導入してひと月後，各学級で取り組んでみての感想を交流した。やってみてよかったという意見がほとんどだったが，「20か条では項目が多く，子供

が覚えられない。」「指導が徹底しない。」「学習用具に関する約束は別にする方がいいのではないか。筆入れや道具袋の中身については、年度初めや学期初めに児童・保護者に周知し、確認すればいい。」などの声があった。そこで、平成25年度からは、学習用具の使い方に関する内容を除外し、学習態度に関する内容の10か条に絞り込んだ。これは、平成26年度にはさらに厳選し、7か条となった。

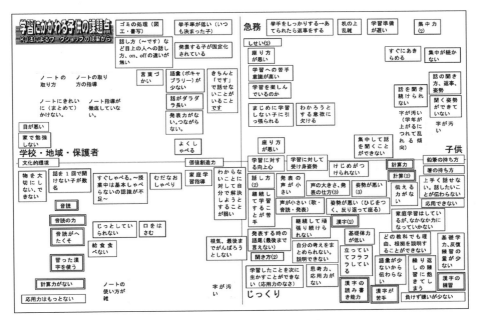

KJ法でまとめた本校児童の課題点

(4) 保護者に問う

さらに、この年の11月に開催した保護者と地域の方への授業公開で、「学びの約束」とその指導に対する意見を求めた。その結果、多くの支持の声が寄せられた。その実施した保護者アンケートでは、そのすべての項目で「強くそう思う」と回答した保護者が増えた。中でも規律に関する項目では「強

くそう思う」が倍増以上となり，学習規律の統一や徹底の取り組みに対する不安を払拭した。その後の保護者アンケートは，年を追うごとに肯定的な数値が伸びてきている。

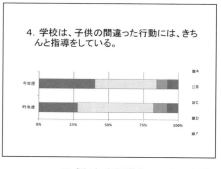 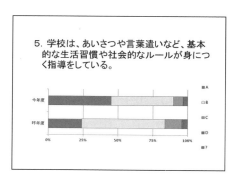

平成24年度保護者アンケート結果抜粋（上段が24年度，下段が23年度）

(5) 新年度初め，効果を実感

取り組み1年目を終え，新年度が始まると，学習規律を統一していることのよさが，いっそう明らかになった。年度初めの規律指導が「去年までと同じですよ。」ですんでしまうからである。

このように学習規律の導入がなされ，その後定着してきている。

2 「学びの約束」の活用

(1) 環境の設定

平成27年度の本校の「学びの約束」は，6か条である。この6か条は，全教室の前方右上に掲示されている。

(2) 全教職員で徹底を図る

年度初め，学期初めにはあらためて確認する。そして，日常の授業の中で頻繁に声かけを行い，個人，そして学級全体で随時振り返る。

個人の振り返りは，節目ごとに個人カードで行う。

学級の振り返りは，掲示している「学びの約束」に「合格」シールを貼る

ことで行う。授業中に各学級を巡回して各項目ができているかどうか、2～3週間に一度、児童の自己評価により判断するのである。

学級全体の9割以上の児童が意識して、しっかりできている項目には合格シールが貼られる。すると、児童は万歳をして喜ぶ。

また、全校集会「1学期振り返り集会」では、全校児童がその場でカードに自己評価する。そして、他の学級、学年がどのような評価になっているかを知り、いっそう意識化するようになる。このようにして、学習規律への意識を高め、徹底を図っているのである。

全教室前面に貼られる2枚の目標

3　「学びの約束」から「大曲スタンダード」へ

規律確立の取り組みは、中学校区のもう一つの小学校である大曲東小学校及びこの2校の卒業生が進む大曲中学校でも、それぞれ独自に進めていた。

そこで、こうした取り組みが9年間を一貫したものとなるよう、また地域の方にも理解・協力して戴けるよう、各校のめあての共通化を図った。それが、「大曲スタンダード」である。

この策定にあたっては，3校の生徒指導担当者が実態を交流し，具体的な項目について検討を重ねた。また，地域の懇談会などで説明し，市議会議員や町内会，民生児童委員等の御意見も戴いた。
　このようにして出来上がったのが，下のポスターである。平成27年度からは，これを各校はもとより，地域の施設や店にも掲示して戴き，地域をあげて子供たちがこれらを身につけていく取り組みを進めている。

第1章

2 ユニット法で授業を３つに分割する

1　１時間を３つに分割する

「味噌汁・ご飯」授業では，「分割授業」が提案されている。

> 「分割授業」とは，１時間の授業を分割して必要な課題を挿入していく授業のことを言う。ユニット法とも呼ばれている。
> なぜ「分割授業」なのか。
> この授業は，目的の「②基礎的な学力保障があること」を実現していくために設定していくものである。もちろん，目的の「③全員参加であること」の理念も貫かれている。
> （『日々のクラスが豊かになる「味噌汁・ご飯」授業　国語科編』18ページ）

どの学級にも，なかなか授業に集中できない子がいる本校児童の実態から，授業を分割し，テンポよく展開することが有効であると考えた。そこで，5年国語と3年算数のユニット法を研修部提案授業として公開した。参観した教職員は，ユニット法のよさとして以下を挙げた。

○活動が小刻みであり，テンポがよく，児童が集中できる。
○パターン化されていることで，児童が主体的に取り組める。
○習熟までしっかりと行うことができる。

そして，全学年，全教科でユニット法に取り組むこととした。押さえたのは，以下である。

○１時間の授業を３つのユニット（A，B，C）に分割する。（指導案上ではUA，UB，UCと表記。）
○ユニットAは，「その教科の頭づくり」。全員参加の活動で脳の海馬を刺激し，その教科に使う思考回路を活性化し，意欲を高める。例えば国語では漢字検定，算数では百玉そろばんや百マス計算，チャレンジわり算などである。（検定については122ページ参照）

○ユニットBは「ウォーミングアップ」。本時の学習課題に対する児童の実態を把握しながら，学習を進めるために必要な知識の確認や強化に取り組む。例えば国語では，音読でしっかりと声を出させながら，内容理解の程度を把握する。算数では，前時の復習問題をノートに解かせ，前時の学習内容がどこまで身についているかを把握し，不十分な場合は多めに復習問題を出すなどする。
○ユニットCは，「本時の課題解決」。教科書をきちんと使い，ノートを多用する。テンポよく展開し必ず確認問題や発展問題（算数では「理解深化問題」）まで行うこととした。これにより，全員が参加し，「分かった」「できた」を実感できる授業が実現できる。
○各ユニットの時間配分は，一律には決めない。児童の集中と学力の獲得状況，単元や活動の特長に適した配分とする。

2　各教科のユニット

以上の方針に則り，各教科・領域部会で，以下のような基本のユニット法を考えた。

教科		ユニット法
国語	A	新出漢字指導，漢字検定，文法問題などのドリル
	B	音読
	C	本時の指導（読解や表現），習熟
社会	A	地図記号，都道府県名，歴史上の人物などの反復，フラッシュ
	B	上記Aの検定タイム
	C	本時の指導，確認
算数	A	百玉そろばん，フラッシュ，指あそび計算，マス計算，チャレンジわり算
	B	前時の指導，既習事項，予習の確認，前学年の復習＋課題づくり
	C	本時の指導，習熟

理科	A	器具，薬品名などのフラッシュ，基礎知識の一問一答(ノート)
	B	事象提示「何でだろう？」の投げかけ，関心・意欲の向上
	C	本時の指導（予想→実験→結果→まとめ），習熟
音楽	A	身体と声のウォーミングアップ〜リズム打ち，発声練習，既習曲を楽しんで歌う，弾く，踊る
	B	課題曲の試し歌い→課題の確認，練習ポイントの明確化
	C	繰り返し練習と上達の実感，発表（個人，グループ），振り返り
図工	A	素材体験活動，鑑賞
	B	つくる，みる，造形活動
	C	相互鑑賞，振り返り（言語活動）
家庭	A	家庭科に関するクイズor朝食チェック
	B	前時の復習
	C	本時の指導，振り返り（言語活動）
体育	A	準備体操
	B	なわとび（個人で），持久走，補強運動
	C	本時の授業，振り返り（言語活動）
道徳	A	自分の現状について把握，振り返り，話題提起
	B	本時の資料提示
	C	意見交流，振り返り（言語活動）
外国語	A	Introduction〜復習（ゲーム）
	B	Presentation (new word)
	C	Practice（練習），Production（みんなで），Closing (Review of the target)
総合的な学習の時間，生活科	A	年間計画や活動の想起
	B	課題設定，活動の見通し
	C	情報収集，整理・分析，まとめ・表現
特別支援学級の生活単元学習	A	身辺自立・処理の活動
	B	身だしなみを整える，活動の準備
	C	活動，相互評価

【ユニット法の授業展開例・5年国語】 （授業は57ページ参照）

ユニットA （漢字検定）
　漢字検定に取り組んだ。まず練習の時間を確保し，その後それぞれの児童の進捗状況に合わせた挑戦の時間とした。

ユニットB （音読練習）
　音読ピラミッドを意識させ，動きのある音読，相互評価と教師による評価の方法などを採り入れた。

ユニットC （読解とまとめ）
　課題提示に続けて，一部を空欄にしたまとめの型を板書し，見通しをもたせた。また，心情語を活用し，根拠をもって登場人物の心情に迫る授業展開を目指した。全員が自分の考えをもち，参加できるようにネームプレートによる意思表示と位置付けを採り入れていた。

【ユニット法の授業展開例・3年算数】(授業は129ページ参照)

ユニットA（予習の確認）
　「教えて考えさせる授業」の方法である予習（事前に教科書を読み，分からないところに付箋を貼っておく）を確認した。この付箋は，授業の中で，「分かった」「納得した」と実感した時点で各自がはがしていた。

ユニットB（前時の復習）
　スモールステップの問題提示によって，本時の課題を明らかにした。

ユニットC（問題解決・習熟）
　協同的な学習活動を通し，本時の課題に迫った。必要なことは教師が説明し，児童同士でも説明し合う。最後には習熟問題に挑戦させ，「分かった・できた」ことを実感させ，自己評価（顔マーク）を行って次時への意欲付けを図った。

第1章

3 ノートと板書は一体的に展開する

1 ノートは,「味噌汁・ご飯」授業の鍵

　「味噌汁・ご飯」授業では,児童のアウトプットの活動と全員参加を重視している。ノートをきちんととらせることは,自分の考えをアウトプットさせる全員参加の活動であり,「味噌汁・ご飯」授業の鍵である。

　本校では,学年ごとにノートの規格を決め,書き方についても,年度初めに学び部から共通の押さえを提示し,全校で統一している。

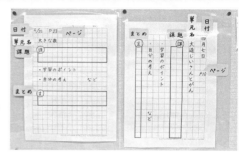

学級掲示「ノートの書き方」

　例えば,課題は青で,まとめは赤で必ず定規を使って囲むことを,写真のような掲示で示す。

ノートの相互評価

ノートチェック

　担任は児童のノートを頻繁にチェックする。机間巡視でチェックしたり,授業中にノートを教卓に持ってこさせてチェックしたり,授業後に集めてチェックしたりする。児童相互でノートを見合って,一言感想を書いたりとい

った活動も採り入れている。

　さらに，全校の参考になるノートを，児童や来客が見られる掲示板に定期的に貼り替えて紹介している。これにより，児童は様々なノートの工夫を知り，自分のノートづくりに生かそうとする。

　このように，本校ではノートを児童の主体的な学びと表現の手段として大事にしている。

掲示「学び方」紹介コーナー

2　ノートと板書の一体的な展開

　ノートが充実するためには，板書のルールがしっかりしていなくてはならない。板書のルールが揺れていると，児童は毎回ノートをとるときに迷ってしまうからだ。

　例えば低学年では，緑色のチョークで書かれた板書はノートに書かないというルールにしている。1字空けや1行空けを指示する際は，緑色のチョークで□とか（　）などと板書することで，児童はいちいち口で指示されなくても，これを見て，適切に1字空けや1行空けで書ける。担任はそれを机

間巡視で点検する。

　また，課題などを板書する際，ノート1行分のマスでは足りず，改行しなくてはならないことがある。そういうときに児童は混乱しやすい。それを防ぐため，担任は児童と同じノートを用意し，毎時間の想定ノートをあらかじめ作るようにしている。このノートを担任が協同して作ることは，課題や発問，板書，そして児童の反応を予想しての展開を吟味することにもなっている。ここで迷った課題づくりについて，「課題道場」（155ページ参照）に持ち込むなどの動きも見られ，授業力向上に果たす働きは大きい。

児童用ノートを使って授業準備　　　　　　出来上がった想定ノート

3　校内研修「板書・ノート交流」

　各学級の板書を撮影し，見合う校内研修を実施している。児童がノートをとる際に迷わないで書ける板書になっているかを確認し，それぞれの教師たちの工夫を共有し，充実を図ることがねらいである。

　例えば，前述した緑色のチョークはノートに書かないという低学年のルールが披露された際，中学年では黄色と白のチョークでノートに書く，書かないを指示していることが分かり，「発想は同じだね。」と互いに感心し合う場面があったりして，学校としてのノート指導のあり方が徐々に明確化，共通化してきている。

共通化だけでなく，学年による違いも明らかになってきている。
　例えば，低学年ではノートにきちんと書く意識を育てることが大事であり，そのために，教師の板書とほぼ同じノートとするように指導する。しかし，中学年では，授業に参加する意識を高め，ノートに書くものを選択する力を育てることが大事になる。だから，ノートの一部は，児童が自分の考えをそれぞれの書き方で書くようにさせる。その際，色や矢印などの工夫は必要だが，派手なものがよいわけではないなど，児童が理解できるような約束事の指導が大事になってくる。これを受けて，高学年では気付いたことをどんどんメモする機会を多くし，板書された言葉の意味を調べ，その関係や背景にも着目し，自ら調べたりその言葉を活用してまとめたりできるように促す取り組みがされている。

4　公開研修会の分科会協議から

　平成26年度に行われた公開研修会に「板書・ノートづくり分科会」を設けた。そこで，板書と児童のノートを見比べながら，発達段階に応じたノートづくりについて付箋紙法で協議した。
　以下のような意見が出された。
〇低学年では，板書とノートの1行の文字数をそろえて書くことで，ノートがきれいにまとまる。
〇中学年では，ノートに書く色と書かない色を決めることで，ポイントを押さえたノートづくりができる。
〇高学年では，板書していないものでも，ノートの中にポイントやメモとして書くようにすることができている。
〇ノートのきまりが多すぎると，児童の意欲を失わせてしまう。書く意欲を維持したまま，分かりやすいノートを作るには，各学年でここまではという目標を決め，少しずつ継続した指導が必要になってくる。
〇発達段階に応じたノートの目標は，以下ではないか。
　・低学年…板書したものをノートに正確に書くことができる。

・中学年…板書の中でポイントとなるものをしっかりと押さえて書くことができる。
・高学年…板書以外でも大事なことやポイントなどを自分でまとめていくことができる。
○ノートは、記録するだけでなく、考えを深める役割も果たせるものになるようにこまめなチェックと励ましなどのフォローを行っていくことが大切である。

このように、板書とノートのあり方について、徐々に実践が積み上げられ、広められてきているところである。

第1章

4 基礎学力を保障する

1 どの児童にも基礎学力を

　基礎学力を保障することは学校の中心的な使命である。何をおいても取り組まなければならない。取り組みを進めるにあたり，児童の学力の実態をデータとＫＪ法で明らかにし，以下の10項目を最低限保障すべき学力とし，それぞれの基準を設定した。

---

(1) 漢字　(2) 音読　(3) 計算　(4) 学習用具の使い方　(5) 基礎体力
(6) 姿勢　(7) 聞き方　(8) 話し方　(9) ノートづくり　(10) 家庭学習

　この展開にあたっては，次の５つの方法で取り組むこととした。
①保障内容を一覧にして保護者や児童に示す。（次ページ参照）
②授業時（フォロー）や「学びの約束」点検（13ページ参照），家庭学習交流（112ページ参照）など，いろいろな機会に粘り強く児童を評価し，励まし続ける。
③各教科のユニットＡやユニットＢの時間（129ページ参照）の活動メニューに位置付ける。
④「ぜったい検定」に取り組み，必要な場合は放課後などに補習を行う。（122ページ参照）
⑤宿題や自学で取り組むよう推奨する。（141～142ページ参照）

2 「学習内容」の保障基準

(1) 漢字
　保障基準を全学年「その学年の終わりまでに習う漢字のすべてを読め，前学年までの漢字を含め８割以上を書けるようにする。」とした。読みについては遅くともその学年の分を５月中に終えることとした（読み先習）。

基礎学力保障内容一覧

	項目	1年	2年	3年	4年	5年	6年
学習内容	①漢字	1年生の漢字が正確に読め、8割以上書くことができる。	2年生までの漢字が正確に読め、8割以上書くことができる。	3年生までの漢字が正確に読め、8割以上書くことができる。	4年生までの漢字が正確に読め、8割以上書くことができる。	5年生までの漢字が正確に読め、8割以上書くことができる。	6年生までの漢字が正確に読め、8割以上書くことができる。
	②音読	1分間で150字程度の文章を読むことができる。つまずかずに読むことができる。	1分間で200字程度の文章を読むことができる。句読点に気を付け、つまずかずに読むことができる。	1分間で250字程度の文章を読むことができる。句読点に気を付け、つまずかずに読むことができる。会話文を工夫して読むことができる。	1分間で300字程度の文章を読むことができる。句読点に気を付け、つまずかずに読むことができる。会話文を、登場人物の気持ちに合わせて読むことができる。	1分間で300字程度の文章を読むことができる。聞き取りやすい速さで、つまずかずに読むことができる。地の文、会話文を意識して読むことができる。	1分間で300字程度の文章を読むことができる。聞き取りやすい速さで、つまずかずに読むことができる。心情を考えて工夫して読むことができる。
	③計算	繰り上がりのあるたし算、繰り下がりのあるひき算を正確にできる。	九九を正確に覚える。	かけ算の筆算ができる。	四則計算の基本を身につけ、わり算の筆算ができる。	小数の四則計算ができる。	小数・分数の四則計算ができる。
	④学習用具の使い方	鉛筆を正しく持つことができる。	定規を使って直線をかくことができる。	コンパスで長さ（半径）を測り取り、円をかくことができる。	分度器を正しく使い、角度を読み取ることができる。	三角定規とコンパスで、合同な図形をかくことができる。	定規とコンパス、分度器を使って、拡大図や線図をかくことができる。
	⑤基礎体力	短縄跳びを1分間続けることができる。	短縄跳びを2分間続けることができる。	短縄跳びを3分間続けることができる。	長縄跳び（団体）を3分間続けることができる。	長縄跳び（団体）を3分間続けることができる。	長縄跳び（団体）を3分間続けることができる。
学習方法	①姿勢	身体と机はこぶし一つ分あける。床に両足をつけ、腰を立てる。					
	②聞き方	大事なことを落とさないように聞くことができる。		話の中心に気を付けて聞き、質問をしたり感想を述べたりすることができる。		話し手の意図をとらえながら聞き、自分の意見と比べるなどして考えをまとめることができる。	
	③話し方	姿勢や口形、声の大きさや速さなどに注意して、はっきりした発音で話すことができる。		相手を見たり、言葉の抑揚や強弱、間の取り方などに注意したりして話すことができる。		目的や意図に応じて、事柄が伝わるように工夫しながら、場に応じた言葉遣いで話すことができる。	
	④ノートづくり	基本的なノートの項目を押さえ、板書と同じようにノートをつくることができる。		自分の考えを書いたり、学習の振り返りを書いたりして、ノートをまとめることができる。		自分の考えを書いたり、目的に応じた資料を取り入れたりして、学習したことが分かるノートづくりをすることができる。	
家庭学習		20分程度の家庭学習に取り組むことができる。（10分程度の宿題と、10分程度の自学）	30分程度の家庭学習に取り組むことができる。（10分程度の宿題と、20分程度の自学）	40分程度の家庭学習に取り組むことができる。（10分程度の宿題と、30分程度の自学）	50分程度の家庭学習に取り組むことができる。（10分程度の宿題と、40分程度の自学）	60分程度の家庭学習に取り組むことができる。（10分程度の宿題と、50分程度の自学）	70分程度の家庭学習に取り組むことができる。（10分程度の宿題と、60分程度の自学）

(2) 音読

高学年でも算数の文章題をきちんと読めなかったり，国語の教科書の漢字がほとんど読めなかったりする児童がいた。

そこで，音読のめあてを全学年「はっきり」「スラスラ」「中身に合わせて」とし，右のような掲示で示した。

この中で，特に「スラスラ」は，児童にとって分かりやすく，意欲的に取り組みやすいように，教科書の教師用指導書に付属している範読CDをもとに，速さの基準を1分間の文字数で定めた。そして，「つまずかずに」「句読点に気を付けて」読むことを意識させた。

音読ピラミッド

また，「中身に合わせて」では，「会話文と地の文との区別」「場面や登場人物の気持ちを表現する強弱やトーン」などの基準を示した。

こうして，低学年は「スラスラ」まで，3年生以上は「中身に合わせて」までの全員保障を目指した。

1学年	1分間で150字程度の文章をつまずかずに読むことができる。
2学年	1分間で200字程度の文章を句読点に気を付け，つまずかずに読むことができる。
3学年	1分間で250字程度の文章を句読点に気を付け，つまずかずに読むことができる。会話文を工夫して読むことができる。
4学年	1分間で300字程度の文章を句読点に気を付け，つまずかずに読むことができる。会話文を，登場人物の気持ちに合わせて読むことができる。
5学年	1分間で300字程度の文章を聞き取りやすい速さで，つまずかずに読むことができる。地の文，会話文を意識して読むことができる。
6学年	1分間で300字程度の文章を聞き取りやすい速さで，つまずかずに読むことができる。心情を考えて工夫して読むことができる。

(3) 計算

計算能力も個人差が大きかった。計算は，どこかでつまずくと，その後の

計算に太刀打ちできない。機械的にドリルの回数を増やしても計算力は身につかないので，学年ごとの基準を次のように設定した。

1学年	繰り上がりのたし算，繰り下がりのひき算が正確にできる。
2学年	九九を正確に覚える。
3学年	かけ算の筆算ができる。
4学年	四則計算の基本を身につけ，わり算の筆算ができる。
5学年	小数の四則計算ができる。
6学年	小数・分数の四則計算ができる。

(4) 学習用具の使い方

学習を支える学習用具（鉛筆の持ち方，定規，コンパス等）の使い方についても，学年ごとに基準を明確にし，指導の徹底を目指した。

1学年	鉛筆を正しく持つことができる。
2学年	定規を使って直線をかくことができる。
3学年	コンパスで長さ（半径）を測り取り，円をかくことができる。
4学年	分度器を正しく使い，角度を読み取ることができる。
5学年	三角定規とコンパスで，合同な図形をかくことができる。
6学年	定規とコンパス，分度器を使って，拡大図や縮図をかくことができる。

(5) 基礎体力

体力の低さも大きな課題であった。本校では，夏場の水曜日の中休みを「みんなでジャンプ」として，全校でグラウンドでの縄跳びに取り組むこととしていたが，あまり個々の体力の向上に結びついているとは言えなかった。そこで，以下の基準を示し，中休みだけでなく，体育の時間や昼休みにも積極的に取り組むよう促した。その結果，意欲的に取り組む姿が多く見られるようになった。

1学年	短縄跳びを1分間続けることができる。
2学年	短縄跳びを2分間続けることができる。
3学年	短縄跳びを3分間続けることができる。
4～6学年	長縄跳び（団体）を3分間続けることができる。

3　「学習方法」の保障基準

　学習方法として,「立腰」,「聞き方」,「話し方」,「ノートづくり」の基準を示した。立腰については,「身体と机の間はこぶし一つ分あける。床に両足をつけ,腰を立てる。」とし,全学年共通項目とした。その他の項目は2学年ごとにまとめて取り組むこととした。

低学年	・大事なことを落とさないように聞くことができる。〔聞き方〕 ・姿勢や口形,声の大きさや速さなどに注意して,はっきりした発音で話すことができる。〔話し方〕 ・基本的なノートの項目を押さえ,板書と同じようにノートをつくることができる。〔ノートづくり〕
中学年	・話の中心に気を付けて聞き,質問をしたり感想を述べたりすることができる。〔聞き方〕 ・相手を見たり,言葉の抑揚や強弱,間の取り方などに注意したりして話すことができる。〔話し方〕 ・自分の考えを書いたり,学習の振り返りを書いたりして,ノートをまとめることができる。〔ノートづくり〕
高学年	・話し手の意図をとらえながら聞き,自分の意見と比べるなどして考えをまとめることができる。〔聞き方〕 ・目的や意図に応じて,事柄が伝わるように工夫しながら,場に応じた言葉遣いで話すことができる。〔話し方〕 ・自分の考えを書いたり,目的に応じた資料を取り入れたりして,学習したことが分かるノートづくりをすることができる。〔ノートづくり〕

4　「家庭学習」の保障基準

　毎日の家庭学習は,担任が出す短時間の「宿題」の後に,児童が各自考えた「自学」を行うこととした。この2段構えの設定により,やらされる家庭学習から,児童がやりたい,もっと知りたい家庭学習へと転換することができるようになる。具体的な取り組みについては,家庭学習の項(143ページ)を参照戴きたい。

コラム　検定の風景

写真は、4月の職員室での漢字の読み検定の様子である。

休み時間になると、いろいろな学年の子供たちが職員室を訪れる。そして、余裕のありそうな職員を見つけると、「○年○組の○○です。漢字検定を受けに来ました。」と礼儀正しく挨拶し、検定を受ける。教頭、校長や事務職員のところへ行く子もいる。

5問ずつ検定を行うが、一つでも間違えると、「残念！やり直し！」と厳しく判定される。すると、友達に確かめたり、ぶつぶつと何度も口の中で正解を繰り返したりして、「先生、もう1回！」と再挑戦しに来る。

何度も挑戦し、すらすら言えるようになると、「よし！合格！やったね！」と祝福され、カードに合格のサインや印をもらえる。「やったー、よかったー！」と、喜ぶ姿があちこちで見られる。いろいろな教職員のサインをもらうのも楽しみのひとつのようだ。

この時間は、子供たちの学力向上にとって意義のある時間であるとともに、職員室のメンバーが子供たちとふれ合い、頑張りに癒される機会ともなっている。

（三尾修士）

第2章
「味噌汁・ご飯」授業はこう進める―各学年の実践事例

第2章では，1年生から6年生までの授業を紹介する。
（3年と4年については，補欠授業の記録であるため，指導案は掲載していない。）

ユニットB　音読の一コマ

第2章

1 1年国語
ばめんのようすをおもいうかべてよむ

廣田沙織

1 単元について

「りすのわすれもの」は，文学的文章単独の教材である。本単元では，文章をしっかりとした声で音読すること，場面の様子を思いうかべ，その中で「だれが」「なにをしたのか」を正しく読み取ることなどを学習する。場面や登場人物の様子を想像させながら読ませたい。

りすの「さんた」と，くるみの木の「おじさん」との会話で物語が進行している。その話の中にさんたのひいひいひいひいおじいさんである「たろすけ」が登場する。たろすけのおかげで，くるみの木は芽を出すことができたのだが，実は，さんたも同じことをしていたのだった。これを児童と確かめることが，「なにをしたのか」の読み取りにつながる。

2 授業の流れ

1時間を3つのユニットに分けて行う。

ユニットA	新出漢字の学習
ユニットB	音読
ユニットC	本時の課題解決

(1) ユニットA
教科書とノートで新出漢字「王」「気」の学習をする。
空書きで書き方を確認し，ノートに練習する。

(2) ユニットB
教師と児童で，句点で区切り，交互に音読をしていく。
教科書の持ち方を正しくし，句読点に気を付けて音読する。

(3) ユニットC
教科書の中から必要なことを読み取り，線を引く。
課題に対し読み取ったことをもとに，自分の考えを書いていく。

3　本時の展開

(1) 本時の目標　たろすけとさんたの関係を確かめ，さんたがたろすけのことをどう思っているのかを，ノートに書くことができる。

(2) 本時の展開（★：ポイントとなる場面）

ユニット	主な学習活動	環境の仕掛けと工夫
A 頭づくり	1．新出漢字の学習をする。 ○「王」，「気」の学習をし，ノートに書く。	・書き方では，空書きを行い，筆順が合っているか確認する。 ・正しく書けている児童を褒める。
B 見通す	2．音読をする。 ○教科書第2段落（P.29～P.32 L10）を教師に合わせて音読する。	・句読点に気を付けて読めるよう範読を工夫する。 ・姿勢を確認する。 ・列指名で発表させる。
C 思考の深化	3．登場人物を確認する。 ○個人で考えたのち，ペアで確認する。 ○くるみのおじさん，さんた，たろすけさんであることを確認する。 4．課題を確認する。 課題：たろすけさんは，さんたからみると，どのような人だろうか。 ○課題をノートに書く。 5．課題を解決する。 ○たろすけさんがどのような人だったのか，教科書から読み取る。	・書き終わったら立って課題を音読する。 ・書けていない児童には声をかける。

◎たろすけさんは，どのような見た目でしょうか。 ○たろすけさんの見た目が分かる部分を教科書から探す。 ・とてもきれい ・しっぽはさんたの三ばい ・金いろのほのおのようにかがやく，すばらしいしっぽ ◎たろすけさんは，どのような性格でしょうか。 ○たろすけさんの性格が分かる部分に線を引く。 ・わすれんぼ たろすけさんのことを，さんたはどのように思ったでしょうか。★ ○たろすけさんは，〜人。という文で，ノートに書く。 ○それぞれ書いたものを発表する。 ・かっこいい人。 ・あこがれる人。 6．まとめをする。 ○児童から出てきた言葉をもとにまとめをする。	・個人で考えたのち，ペアで確認する。 ・全部で３つあることを先に伝え，絞りやすくする。 ・個人で線を引いたのち，ペアで確認をする。 ・教科書に線が引けているか確認する。 ・書けない児童に対して，たろすけさんの見た目に着目させる。 ・ペアで見せ合い，書けない児童は友達に教えてもらうようにする。 ・列指名で発表。

まとめ：たろすけさんは，さんたからみると，
　　　　（　　　　　　　　　）な人。

4 ノート・板書

(1) 児童のノート

毎時間児童のノートを想定し，児童と同じノートに書いておく

(2) 板書（前半）

※プロジェクターで教科書を映す。

6 気
き 気もち
気はい

4 王　おう
王　王
王子さま

十一月十二日

(3) 板書（後半）

⓶ さんたからみると、たろすけさんは、かっこいい人。

たろすけさんは、　　　　人。

・わすれんぼ
・たろすけさんのせいかくいしっぽ
・金いろのほのおのようにかがやく、すばらしいしっぽ
・しっぽはさんたの三ばい
・とてもきれい
たろすけさんのみた目

㊋ たろすけさんは、さんたからみると、どのような人か、かこう。

りすのわすれもの

5 授業の実際

(1) 始業の挨拶
・日直の号令で，全員の姿勢がよくなってから挨拶することができた。

(2) ユニットA：新出漢字の学習
・「王」と「気」を学習することを確認。
・「王」の書き順を確認し，全員で空書き。利き手をしっかり伸ばし，声を出しながら行うことができた。
・ノートに「王」と画数を書く。
・教科書を見て，読み方を確認し，ノートに読み方と単語を書く。
（「気」も同様。）

(3) ユニットB：音読
・第2段落を音読。教科書を持って姿勢を正すよう指導した。
・教師と児童の交互読み。
・教師の範読で句読点を意識させ，読めていないときにはやり直しをさせた。

空書きをしている場面

(4) ユニットC：本時の課題解決
・登場人物を確認し，課題を板書した。課題が書けたら起立し，課題を音読。何度か読んでいる間に，全員書き終わった。
・さんたから見たたろすけさんはどのような人かを，見た目と性格に分けて考えることを伝える。
・たろすけさんの見た目を教科書の中から3つ見つけるよう指示した。3つ見つけられない児童もいたが，時間で切り，ペアで確認させた。
・列指名で発表するが，「ひいひいひいひいおじいさん」という回答が多く，見た目を見つけられなかった。そこで，教科書の探す範囲を狭めて指示し，見た目への着目を引き出した。

- 次に性格を教科書から探し，線を引かせる。見た目の部分での児童の反応から，最初から見つける範囲を狭めて指示をした。狭めたことで，多くの児童が「わすれんぼ」という言葉を探すことができた。発表前にペアでの確認を入れ，できていない児童は写してよいことを伝えた。
- 列指名で発表させる。「わすれんぼ」という言葉がほとんどであった。
- たろすけさんの見た目と性格から，さんたはたろすけさんをどのような人だと思ったのかを個人でノートに書く。ペアでの確認の時間を入れたが，後半にやった性格の部分の印象が強かったのか，「たろすけさんはわすれんぼな人」という回答が多かった。
- 列指名で発表させる。「わすれんぼ」のみの答えや「きれいでわすれんぼ」などの答えがあった。出てきた答えをもとに，まとめた。
- まとめを書き終わった児童から立ってまとめを読ませた。

6 ポイント解説

(1) 課題の設定

　本時の課題を「たろすけさんは，さんたから見ると，どのような人だろうか。」とした。第2段落では，さんたがくるみのおじさんからたろすけさんの話を聞く場面である。話を聞いたさんたが，たろすけさんをどのように思ったのか考えることで，さんたもたろすけさんと同じことをしていたという気付きに導こうとした。基本方向はよかった。

(2) 個人差対応

　ノートに書く速さの個人差を埋めるため，課題を書いたら立って音読をすることにしている。立つことで，教師が全体の進捗状況が把握できる。また，書き終えていない児童は，音読を聞きながら課題を書くことができるため，毎回このやり方でしている。

　また，随所にペアでの確認を入れることで，遅れがちな児童も追いつきやすく，授業に参加することができる。

(3) 小刻みな活動

　教科書に線を引く，ペアでの確認，たろすけさんがどんな人かノートに書くなどの小刻みな活動を入れ，全員参加の授業を目指した。また，教師もおしゃべり授業に陥らずにすむ。

(4) 教材研究と柔軟な展開

　教科書にはたろすけさんの見た目や性格の他にしたことも書いてある。しかし，それらをすべて取り上げると，情報が多くなりすぎると考え，見た目と性格に絞って考えさせることにした。見た目と性格が分かれば，本時の課題は解決できると考えた。

　ノートに書くときに「たろすけさんは，さんたからみると～な人」ではなく「たろすけさんは～な人」という形で書かせたのは，ノートに書くことを少なくして，「～な人」を考える時間を多くとりたかったからだ。しかし，「さんたから見ると」という言葉をあまり強調しなかったため，その部分が児童には意識されていなかった。

　実は，見た目と性格については，前時の場面で扱い，児童はよく理解したと思っていた。そこで，本時も大丈夫だと思って発問したりノートに書かせたりしたのだが，児童の反応を見ていて，あまりよく理解していないと感じたため，とっさに探させる文章の範囲を狭めた。これは，有効であったと感じている。

(5) 発言のさせ方

　ほとんどの場合，列指名で発言させている。列指名のときは座ったまま，個人指名のときは立って発言させることで効率が上がる。また，ペアでの確認をした後の発言は，隣の人に教えてもらった意見を言ってもよいことにしている。これにより全員参加が可能となる。

第 2 章

2 2年算数
かけ算の九九づくり

吉井文乃

1 単元について

　前単元の「かけ算」では，乗法の意味やかけられる数，かける数を意識した式の立て方，答えの求め方についての理解を図った。特にかけられる数，かける数は，色分けをさせることで意識するように工夫した。また，5の段，2の段，3の段，4の段の九九を構成し，読み方に注意して暗唱を繰り返し，定着させた。

　本単元では，これらの既習事項をふまえ，九九の表を使い，6の段，7の段，8の段，9の段，1の段の九九を構成する。各段の文章問題にも取り組み，かけ算の式は「1あたり×いくつ分」であることを意識させる。九九は，これから学習していく計算の基礎となる内容であるので，すべての児童が意味を理解し，技能として定着できるように心がけて指導していく。

2 授業の流れ

ユニットA	既習の九九の段を声に出して練習する。
ユニットB	6の段の九九を練習し，課題を確認する。
ユニットC	6の段の練習問題に取り組む。

　前時までの2時間で，6の段の九九を構成し，読み方を練習してきた。ユニットAでは，5の段までの九九の暗唱に加え，まだ十分に定着できていない6の段の暗唱やフラッシュカードに取り組む。ユニットBでは，6の段の文章問題を解いていく。各自で行うのはまだ難しいため，全員で文章を何度も読み，かけられる数，かける数を確認し，式を立て，答えまで求めていく。その後，理解深化として6の段と他の段の九九の答えが同じになる場面についても扱い，九九の段がそれぞれいくつずつ増えていくかの理解を深めていく。ユニットCでは，全員が九九の理解を深められたと実感させたい。全体に全員参加を目指し，全体で声を出す場面，活動をする場面を多くする。

3　本時の展開

(1) 本時の目標　6の段の文章問題を解くことができる。
(2) 本時の展開

ユニット	主な学習活動	環境の仕掛けと工夫
A 頭づくり	1．5・2・3・4の段の九九を声をそろえて暗唱する。	・何回も繰り返し声に出して行い，定着を図る。
B 見通す	2．6の段の九九の練習を行う。 ①声を出して九九を読む。 ②フラッシュカードで6の段の練習をする。 3．課題を書き，読む。 課題：同じ数のまとまりに気をつけて式を立てよう。	・書けた児童から立たせ，課題を覚えるまで読ませることで，課題を意識させる。
C 思考の深化	4．P.26の練習問題1を読む。 遊園地ののりものけんが3まいあります。1まいのけんで6回のりものにのれます。ぜんぶで何回のれるでしょうか。 5．かけられる数，かける数に波線を引く。 6．問題を解く。 　式 6×3＝18（対応する図をかいて答えを確認） 　答え　18回 7．続きの問題を読む。 また，のりものけんが1まいふえると	・それぞれ色分けして引かせる（かけられる数は青，かける数は赤）。 ・1あたり×いくつぶんを意識させて式を立てさせる。 ・答えの単位を忘れないように指導する。 ・早く書き終えた児童に対し，周りの児童を助けてあげるように指示し，全体が同じペース

| のりものにのれる回数は何回ふえるでしょうか。 | で進められるようにする。 |

8．問題を解く。
 $6 \times 1 = 6$
 $6 \times 2 = 12$
 $6 \times 3 = 18$
（6の段は6ずつ増えていることを確認）
  答え　6回ふえる

9．まとめをする。

| まとめ：6ずつふえるときは，6のだんをつかう。 | ・全員で音読する。 |

10．P.26の練習問題2を読む。

【理解深化】

| 6×2と同じ答えになる3のだんの九九を言いましょう。 | |

11．対応する図をかき，問題2を解く。
 $6 \times 2 = 12$の図をかく

かこみを外す

3つずつかこむ

 $3 \times 4 = 12$

・図をかきながら，6の段のときは6つずつ，3の段のときは3つずつ囲むことを確認し，それぞれ6ずつ，3ずつ増えることの理解を深める。

※今回の授業は先輩教師の学級で1か月の間シャドーイングさせて戴き，様々なことを学びながら行ったものである。この経験をこれからに生かしていきたい。

4　ノート・板書

　児童のノートと板書はできるだけ同じになるようにしている。児童のノートに合わせ，行を替え，児童が持っているペンの色に合わせチョークの色を選択するようにしている。

　板書の際には，常に児童に見られていることを意識している。お手本となるような字形，筆順，線を引くときの定規の使い方に注意している。

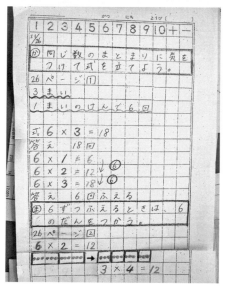

児童のノート

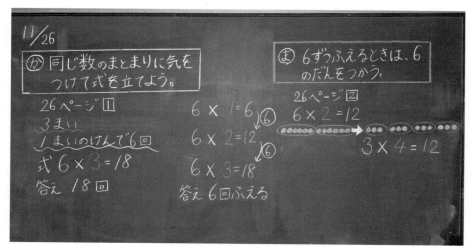

児童がノートしやすいように板書する

5　授業の実際

(0) チャイムと同時に始業の挨拶。立って机をそろえた後，日直が周りを確認し，元気な声で挨拶した。

(1) ユニットA：頭づくり「九九の練習」

・起立して，前時までの授業で作成した九九の表を見ながら5の段，2の段，3の段，4段の順に声に出して行う。
・椅子に手をついて寄りかかっている児童が数名いたので注意した。
・一度座らせ，6の段の練習をフラッシュカードで行う。教師がカードを持ち，児童の声に合わせてめくっていく。1回目は自信がなかった児童も，2回目は大きな声で言うことができた。

(2) ユニットB：見通す

・課題を板書する。同時に児童も書き出す。課題は青鉛筆で囲わせた。書けた児童から起立して，課題を覚えるまで読ませた。
・8割くらいが立ったところで，全体で一度読む。次に見ないで言わせ，覚えているか確認する。途中から声が小さくなったが，半分くらいの児童は見なくても言えるようになっていた。

(3) ユニットC：思考の深化

・練習問題を句読点で切って教師に続けて3回繰り返して読む。3回目には全員すらすら読めるようになった。
・問題文の中のかけられる数，かける数はどれか発問したが，答え方が分からず，2人の児童しか答えられなかった。そこで，答え方を「数だけでよい。」と示すと，答えられる児童が増えた。
・教科書のかけられる数，かける数に色を分けて波線を引く。児童は「青へび」「赤へび」と呼んで定着しているため，すぐにできた。
・「1枚あたり」を強調し，3枚あったら何回乗れるのかと簡単な言葉にして説明した。
・ノートに式と答えを書くように指示。波線を引いたことで迷うことなく式

を立てていた。
- 式と答えの確認をする。式を反対にしている児童はいなかった。かけられる数は，式のはじめに書くことを確認した。
- 続きの問題に取り組む。これまでと同じように，まず3回全体で問題を読んだ。黒板に $6 \times 1 = 6$，$6 \times 2 = 12$，$6 \times 3 = 18$ までを書き，答えがいくつずつ増えているか確認し，ノートに書く。
- まとめに入る。「6ずつ」のところを穴埋めにして板書し，児童に自分で考えて書くように指示，赤鉛筆で囲ませた。書けた児童から立ち，覚えるまで読ませる。その後，まとめを確認した。

(4) 理解深化
- まず，問題を読み，$6 \times 2 = 12$ に対応する図（12この○だけ）をかいた。慣れているためすぐかくことができた。
- 3の段は3ずつのまとまりで表したことを想起させる。12この○を3ずつ囲むと，まとまりが4つになることから 3×4 になることを確認。毎時間使っている図を用いることで悩むことなく，取り組めていた。

6　ポイント解説

(1) ユニットA：頭づくり
かけ算の単元に入ってからは，毎時間のはじめに，同じ方法で九九練習に取り組んできた。指示をしなくても，児童は挨拶の後，立って九九練習の準備ができるようになっている。

(2) ユニットB：見通す
課題は毎回ノートに書いている。書き終わった児童から立ち，何度も繰り返し音読して課題を覚えるという習慣がついている。繰り返し音読させることによって，今日の課題が児童の中で明確になる。また，かけ算の式のポイントとなる「同じ数のまとまり」を課題に入れ，意識させている。

(3) ユニットC：思考の深化
児童の実態から，教科書の練習問題は個人ではなく，全員で1つずつ確認

して進めていく。問題文は，一度教師が読んだ後，児童だけで読ませたが，だんだん声が小さくなり，ばらばらになってしまっていた。文章が少し長かったため，２年生の児童にとっては難しかったようだ。教師がリードして一緒に読む必要があったと思う。

　問題解決では，問題文の「１あたり」にあたる部分，「いくつ分」にあたる部分はどこかを発問した。児童はなんと答えたらよいか分からず，困ってしまっていた。何人かが小さな声で呟いてはいたが，ほとんどの児童が答えは分かるが，答え方が分からないといった様子であった。求めていた答えは「１枚の券で６回」，「乗り物券が３枚」であったが，数だけを言う，あるいは数を指で表すというような答えやすい工夫をし，全員が参加できるようにするべきであったと思い，それを追加指示とした。

　まとめ・習熟の場面では，板書をノートに写し，課題と同じように書き終わった児童から立ち，読んで覚えるといった習慣が身についている。穴埋めの部分に書くことへの抵抗はなく，「すぐ分かった！」という反応が多かった。

　まとめは，教師がすべてを書いてしまうのではなく，ポイントになる言葉を穴埋めにするようにしている。今回は「６ずつ」がポイントであったため，ここを穴埋めにして板書した。

(4) 規律確認

　ノート，教科書，鉛筆，消しゴムの置き場所は決まっている。しかし，机の上をうまく整理できず，よくものを落としてしまう児童がいた。１つ１つの活動が終わるごとに置き場所を確認する必要があった。

　また，書く速度は個人差が大きいため，速く書いた児童に，待ち時間ができ，おしゃべりなどをしてしまう場面が多く見られた。立腰して待っている児童を褒めることで，規律の定着を図っていきたい。

(5) 個人差

　課題やまとめを覚えるまで立って読む練習をしているといった指示や，次に扱う問題を見て予習しているといった指示，まだできていない友達を助けてあげるといった指示などで，個人差をなくすようにしている。

机間巡視の際には，活動が止まっている児童への声かけと丁寧に書いていたり，活動を素早く終わらせて，立腰して待っていたりする児童の肩や頭に軽く触れ，プラスの評価を伝えることを意識して実践している。しかし，今回の授業では，フォローの言葉が少なかったと反省している。活動が遅れている児童を長い間指導してしまい，全体を把握できなかった。期間巡視のときには，ノートをポイントを押さえて見て，短く評価するべきであった。

(6) 一時一事指示について

「ノートを開きます。」「日付を書きます。」「課題を書いたら姿勢をよくして待っています。」などと，一時に一事の指示を心がけていた。しかし，後半，時間がなくなってくると，「式を書いた後，図をかいて色を塗って，全部終わったら困っている友達を助けてあげます。」などと，一時に３つもの指示をしてしまうことがあった。理解して行動に移している児童もいたが，多くの児童は混乱し，活動が滞ってしまった。

特に低学年は，１つ１つ区切って確認しながら指示することが必要である。

(7) 発言のさせ方

挙手指名で進めるのでは，全員参加の授業にはならない。そこで，端的に全員が発言できる場を多くするように心がけている。その際，児童が飽きてしまわないように，発言の仕方にいろいろなバリエーションをもたせている。例えば，「元気な声で」「小さな声で」「音は出さないで口だけ動かして」「女の子だけで」「男の子だけで」などである。また，数を表すときは，指で表すように指示することもある。

(8) 空気の統率

区切りのよいところで，集中し直すためにカウントダウンをしたり，姿勢をよくし直したりするなどして，リフレッシュを図るなども必要である。学習に関係のあることで，児童がびっくりし，笑顔になるような話題や活動を用意しておくことも集中を持続させるために必要なことだと思う。しかし，切り替えができず，その雰囲気のまま授業が進んでしまうことには気を付けたい。できるだけ速く切り替えできるようにしていきたい。

第 2 章

3 3年算数 円と球

三尾修士

1 単元について

これまで漠然と「きれいなまる」ととらえてきた「円」について，その特徴を明らかにしながら，「円」という用語を導入する。そして，「中心」，「半径」，「直径」の意味や性質を調べたり，その性質をもとにコンパスで作図したりする活動を通して，概念の理解を深めていく。コンパスは，円を作図する用具としてだけでなく，長さを写し取ったり一定の距離の点を探したりする場合にも用いられる。二等辺三角形や正三角形などの作図にも活用される技能なので，十分に時間をとって習熟させたい。

2 授業の流れ

これは，補欠授業の記録である。事情により，担任が不在となり，準備の時間がほとんどない中で実践することとなったため，指導案は書いていない。

ユニットＡ	計算練習（かけ算）
ユニットＢ	かたち当て
ユニットＣ	本時の課題解決・習熟（円のかき方）

※準備物　かけ算49マス計算プリント，教科書，おわん，画用紙，ピン，ひも

(1) ユニットＡ：計算練習「かけ算49マス計算」

図形の単元なので，ユニットＡで何をするか迷ったが，普段の学習の流れの通り，かけ算49マス計算とした。答え合わせも各学級のやり方に沿って行う。

(2) ユニットＢ：かたち当て

1年生で学習した「かたちあそび」に関わる図形や，2年生までに学習した図形の復習をした。

(3) ユニットＣ：本時の課題解決・習熟

「円と球」の導入の授業だったので，円を写し取れるもの，コンパス以外

で円をかける道具を準備し，それらを使って円をかく活動をメインにしようと考えた。そこで，教科書に載っているおわん，ピンとひも，2cm×10cmくらいの大ききに切ってきりで3か所穴をあけた画用紙を準備し，児童に「きれいなまる」をかく経験をさせ，そこから「円」と「中心」を確認することとした。

3　板書

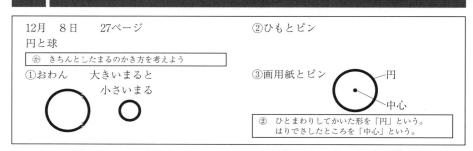

4　授業の実際

(1) ユニットA：計算練習「かけ算49マス計算」

普段の学級のやり方で，黒板に7×7のマスを書き，3分30秒間挑戦させる。終わった児童にはかかった時間を告げ，記録させる。答えを板書し，各自丸付けをさせ，間違えた問題数を言わせた。慣れているのでスムーズな活動となった。

(2) ユニットB：かたち当て

四角形，三角形などを板書し，正方形，長方形，直角三角形など，今まで習った図形の名前を確認する。わざと，曲線でかいたり，閉じていない図形をかいたりして間違い探しをすると，児童の集中は高まった。

(3) ユニットC：本時の課題解決・習熟

ユニットBのかたち当ての時点で，「円」という言葉が出てきたので，「円」とはどんな形なのかと発問する。「きれいなまる」「コンパスでかいたまる」などの反応があった。そこで，その声を生かして「きちんとしたまる

（円という？）のかき方を考えよう。」という課題を提示。担任が普段やっているように，課題を読み上げながら写させた。

　この学級では，教師が課題を書き終わってから，どれくらいで書き終えたかを自己評価させている。早く書けた児童は，秒数に応じて，花丸をノートの余白に自分でかくことになっている。このときもそうさせた。

　「きちんとしたまる」のかき方を思いつく児童を起立させる。教科書を予習してきているクラスなので，「おわんなどまるいものをなぞる。」「糸を使う。」「コンパスでかく。」などの答えが出された。同じ答えの児童は着席させた。これも普段どおりの動きである。

　この時間はコンパスを使わないことを伝え，隣同士２人１組の活動に入った。

　まず，おわんのふちをなぞる活動である。おわんでまるをかくと，「きれいにかけた！」「大きいまると小さいまるがかける！」と，交代しながら全員きれいに写し取ることができた。

　次に，ひもとピンを渡し，やり方を説明する。静かに説明を聞けたことを褒め，協力して作業するように伝え，させてみた。しかし，３年生の児童には，ひもを結び，ピンで押さえ，ひもを張った状態で操作して円をかくのはかなり難しい。あちこちから「うまくかけない。」という声が上がる。うまくかけたのは３組ほど。うまくかけないことは予想していたので，うまくできたコンビには，協力して作業できたことをうんと褒めた。

　他の児童に，なぜうまくかけないかを問うと，ひもがぐにゃぐにゃになってしまうという意見が出た。

　そこで，穴をあけた画用紙を使う活動に移る。画用紙の一方にピンを刺し，もう一方の穴に鉛筆の先を入れて円をかくやり方を説明し，取り組ませた。

　するとひものときとは違い，ほとんどの児童がすぐにできた。「くるくる回せてきれいにかける。」「違う穴でかくと大きさが変わる。」などの喜びの反応があった。

　しかしこのとき，ひもでうまくかけないことでいじけてしまった児童がい

たため，その対応に時間がとられてしまい，授業の終わりの時刻も近づいていたため，全員の達成状況は確認することはできないまま急いでまとめに入った。

おわんや画用紙でひとまわりしてかいた形を「円」ということを確認し，画用紙の円でピンを刺したまん中の点のことを円の「中心」ということを確認し，それをノートさせたところで終了した。

5 ポイント解説

(1) 発言のさせ方
かたち当てで答えを予想した場面や課題の確認場面では，児童を立たせ，意思表示させた。そして，同じ考えのときは座る方法をとった。できるだけ多くの児童に意思表示させるための工夫である。

(2) 活動，フォロー
2人一組の活動とした。道具も2人に1つずつ与え，「協力して活動できるチームがいいチームだよ。」と知らせ，協力できたチームをどんどん褒めた。協力できていないチームには，具体的に協力の仕方を教えた。

(3) 個人差対応
ひもとピンを使ってかく活動と画用紙でかく活動の際は，やり方を説明した後に机間巡視をし，できていないチームには再度やり方を助言して歩いた。できているチームにはひもの長さや，画用紙の穴の位置を替えるなど工夫して取り組むよう声をかけた。

(4) 評価
道具の準備，片付け，隣同士での交代などを素早く行ったり，協力したりできたときに，どんどん褒めるようにした。

ひもとピンを使ってかく方法は，はじめから困難であることが予想されたが，3つ目の画用紙を使ったかき方は，全員ができて，円の「中心」を理解し，達成感を得られると思っていた。しかし，ある児童の対応に時間がとられてしまったために，そこが弱くなってしまったのが反省点である。

第2章

4 4年国語
漢字に親しむ―漢字の島めぐり

石川陽一

1 単元について

しりとりや迷路をすることで、音訓、偏や旁や漢字を使った言葉についての理解を深め、漢字に親しみをもたせる単元である。

2 授業の流れ

これは、補欠授業の記録である。事情により、担任が不在となり、準備の時間がほとんどない中で実践することとなったため、指導案は書いていない。

ユニットA	本校独自の漢字検定
ユニットB	新出漢字
ユニットC	本時の課題解決・習熟（漢字のしりとり）

※準備物　教科書、実物投影機、漢字検定プリント

(1) ユニットA：漢字検定

この学級では、普段から2分練習、その後検定というやり方で展開しているので、そのやり方で行うこととする。検定プリントの受け取り方等（順番やマナー）も普段のやり方で行う。

(2) ユニットB：新出漢字練習

教科書巻末の新出漢字のページで文字の書き方と読みを確認し、その後練習を行う。練習が終わったら、隣同士でチェックし、確認のサインを記入する。

(3) ユニットC：本時の課題解決・習熟

課題を確認した後、まずしりとりのルールについて確認する。その後、教科書の例題を3つだけ全体でやりながら、具体的に確認する。それから短時間自力で挑戦させ、児童がやり方を理解しているかを確認し、ほぼ全員が分かっているようなら、班、そして全体で確認を行う。

3 板書

九月九日　八十ページ

笑

士

課 読み方のしりとりをしましょう。

（ルール）
① 全部の文字。
② 同じ線は一度だけ。
③ 交差点は一度。

ま 同じ文字も読み方を考えてしりとりをする。

（実物投影機用スクリーン）

漢字検定の様子

授業の様子

4 授業の実際

(1) ユニットA：授業の準備と漢字検定

　机上の準備（必要な物を出し，筆箱などはしまう）については，授業開始前に指示を出しておき，できた児童を褒めていった。また，立腰についても，授業開始時の挨拶前に意識している児童を「素晴らしいです。」と評価し，その後も姿勢のよい児童については頭をなでるなどしてどんどん褒めた。普段の担任の指導と同じようにすることで，児童は速やかに落ち着いた。

　漢字検定については，事前に担任に聞いていた内容と児童が申し出た内容が若干異なっていたため，児童に確認をしながら行うことにした。

「どのように検定用紙を取りに来ますか。」

などの確認をしながら実施したため，多少の時間を要したが，これもスムーズにできた。

(2) ユニットB：新出漢字練習

　検定後は新出漢字の練習というやり方が定着しているため，漢字検定を提出すると，多くの児童が自然に準備をしていた。そこで，

「素早い準備です。」「素晴らしいね。」

などと声かけを行う。

　準備ができていない児童に対しては

「下巻の130，131ページです。」

という指示を出し，隣同士で開けているか確認させた。

　ほとんどの児童が教科書を開いているのを確認し，黒板に「笑」と板書をし，「この漢字はどこにありますか，指さしで確認します。」と指示を出しておいて，この間に教科書を開くのが遅れた児童や正しく教科書の漢字を指させていない児童へ個別に声をかけた。

　漢字練習については，空書きで筆順と読み方を確認し，書き方のポイントを説明した。その後，各自で練習の時間を30秒ほどとり，隣同士で正しく書けているかノートを確認し合い，確認のサインをさせた。これを次の漢字で

も繰り返した。ここも，普段のやり方なのでスムーズであった。

(3) ユニットC：本時の課題解決・習熟

　課題提示前に黙読と音読を行った。まず，黙読の意義について話し，1分ほど黙読をさせる。あまり慣れていない児童もいたようだが，静かに目で追っていた。その後，全員で音読を行った。

　本時の課題「読み方のしりとりをしましょう。」を板書で示し，音読した文章の中に書いてあったルールについて確認を行った。

　「今，音読した中に3つのルールが書いてありました。分かりますか？」と発問すると，多くの児童が挙手した。

　3つのルールについて板書して確認，説明を行った後すぐに教科書を用いて問題に取りかかった。

　「スタート地点を指さします。」

　「最初の漢字のところへ指を移動します。何と書いてありますか。」

　このように一時一事指示を意識して行う。児童は，「港」を指さして，「みなと」「コウ」などと反応した。

　「そうですね。では，次の漢字へ指を移動します。」

　「何と書いてありますか。」

　児童は，「豆」に対して「まめ」「トウ」などと反応した。

　「この2つの読みはどのようにするとしりとりになりますか。隣と相談しましょう。」と言うと，児童は「みなと→トウだよね。」などと反応していた。やり方は大体分かったようだ。

　念のためにもう1文字確認してから，「では，今度は一人でやってみましょう。後で班でも確認するけれど，まずは一人でやってみよう。」と自力解決の時間を3分とった。

　児童は集中して取り組んでいた。

　3分後，班で相談する時間とした。話し合いの中で，児童は理解が不十分な児童に自然に教え始めた。教わる方の理解が深まるのはもちろん，教える方も自分の言葉で相手に説明することでさらに理解を深めることがねらいで

ある。しかし，どのようにするか迷っている班が，複数見られたため，
　「途中でもいったん手を止めて聞きます。」
と話し合いをやめさせて，分かれ道となっているところについて再度説明した。表情から，理解がされたように見えたので，
　「残り2分で相談を終了します。どんどん話し合って進めてください。」
と指示。2分後，読み方について，班ごとに1つずつ発表させ，確認を進めていった。ちょうど全部読み終えたところで授業終了の時刻となり，本時を終了した。

5　ポイント解説

(1) 発言のさせ方
　できるだけ挙手によるものではなく班を指名したり，列指名にしたりして，全員に話をさせるような雰囲気づくりに努めた。

(2) 活動，フォロー
　国語の時間はできるだけ音読を重視したいと考え，黙読→音読の流れを意識した。そこから本時のポイントであるルールの確認を行った。
　自力解決の時間にうまくできなくても大丈夫だという安心感を与えるため，班での相談タイムがあるということを事前に知らせたうえで3分間の自力解決に取り組ませた。
　机間巡視を行い，よく取り組めている児童を褒めるとともに，うまくいかない児童には隣と協力して取り組むように指示した。

(3) 個人差対応
　自力解決の場面でかなりの差が出ることを想定し，自力解決の時間は短めに3分。その後の班交流に3分。さらに，まとめの交流には2分とることで，班で協力して個人差を埋めることができるよう努めた。早くできた児童に対しては，できた児童同士で同じ答えになっているか，どのように読んだかなどの確認を行わせた。

(4) 評価
　プラスの評価を多くするよう意識して声かけを行った。特に机上の準備，姿勢，集中の仕方，発言の仕方などについて
　「素晴らしい。」
　「素早い。」
など，短い言葉で端的に評価することを意識した。
(5) 空気の統率
　「一人でできなくても班で相談すればいい。」
　「みんなで協力して勉強できる。」
という気持ちをもって取り組むことができるよう，授業の組み立てを行い，テンポのよい展開の中にもゆったりとした受容的な雰囲気を大事にした。

第2章

5 5年国語 雪わたり

加藤優子

1 単元について

「雪わたり」は美しい雪の野原を背景に、子ぎつねと人間の子供との心温まる交流を描いた作品である。また、優れた自然の情景描写やリズミカルな文体、言葉のおもしろさや楽しさを味わいながら、人物の動きや心情を捉えることができる作品でもある。人間と動物のやりとりの中で、紺三郎たちきつねが抱く人間のイメージや四郎・かん子たち人間が抱くきつねのイメージが、だんだんと変化していくことが読み取れる。何がきっかけで、どのように変わっていくのかを、叙述に即して的確に読み取らせたい。また、登場人物の心情の変化に気付かせることで、作者の願いについても考えさせていきたい。

2 授業の流れ

ユニットA	本校独自の漢字検定
ユニットB	音読
ユニットC	本時の課題解決

(1) ユニットA

本校で作成した漢字検定に取り組む。

確認時間1分→検定4分と5分間で行う。

(2) ユニットB

「音読ピラミッド」(27ページ参照)を使用しながら10分間の音読練習を行う。

前半：教師が一人一人フォローを行う。

後半：ペアで「ピラミッド評価」をし合う。

児童用「心情語の表」

(3) ユニットC

「心情語」を使用して課題を解決していく。心情語を選択することで、全員に自分の考えをもたせ、ネームカードでその意思表示を図る。

3 本時の展開

(1) 本時の目標
団子を食べる前と後で四郎とかん子、紺三郎の関係がどのように変化していったかを読み取ることができる。

(2) 本時の展開（★：ポイントとなる場面）

ユニット	主な学習活動	環境の仕掛けと工夫
A 頭づくり	（予習）教科書を読み、きつねたち・かん子や四郎の心情が分かるところに線を引いておく。 1．漢字検定を行う。 　○1分間確認。 　○4分間検定。	・2枚目もチャレンジしたい児童は、続けて検定する。
B 見通す	2．学習課題を確認する。 [課]団子を食べたことで二人と紺三郎の関係はどのように変わったか読み取ろう。 3．音読練習をする。 　○前半を読む。 　・前段：自分の席で起立して音読。 　・中段：後ろ又は横へ移動して音読。 　・後段：黒板前へ移動して音読。 　○どんなフォローをされたかを確認する。 　○「中身に合わせて」を達成できたと評価された児童が音読する。 　○後半を読む。 　・ペアで音読。 　・ペアでピラミッド評価し合う。	・音読の前に課題を確認し、本時の学習のイメージをもたせる。 ・音読ピラミッドをノートに書かせる。 ・立腰を確認する。 ・黒板前で音読する児童に対し、教師は個別に課題を与えたり評価したりする。 ★後半はペアで評価し合う。
	4．学習課題を再確認する。 　◎関係が変わるきっかけは、どのような出来事だったでしょうか。	・関係が変わるきっかけが分かったら起立させる。

C思考の深化	・二人が団子を食べたこと。 5．課題を解決するための見通しを立てる。 　◎どのように解決していくとよいでしょうか。 　・団子を食べる前と食べた後の心情の変化を読み取る。 　・関係を考える。 6．心情の変化を読み取る。 　○団子を食べる前後の心情の変化を二人と紺三郎に分けて考える。 　◎団子を食べる前の二人と紺三郎の気持ちを一言（心情語）で表しましょう。 　◎教科書のどの文からそう思ったのか理由を書きましょう。 　◎二人と紺三郎の関係を一言で表すとどうなるでしょう。 　◎団子を食べた後の二人と紺三郎の気持ちを一言（心情語）で表しましょう。 　◎教科書のどの文からそう思ったのか理由を書きましょう。 　◎二人と紺三郎の関係を一言で表すとどうなるでしょう。 7．自分の考えをまとめる。 　○ノートに自分の言葉で考えをまとめる。 　◎団子を食べる前と後で二人と紺三郎の関係はどのように変わったか自分の言葉でまとめましょう。 　㊪団子を食べる前は，〜（だった）が，食べた後は，〜（という関係に変わった）。	・分からない児童は近くの児童からアドバイスを受け，全員起立を促す。 ・課題を確認後，まとめを先に板書する。 ・課題からどんなまとめになるかを考え，本時の学習の見通しをもたせる。 ★「心情語の表」から最も近いと思う心情語を一つ選ばせる。 ★ネームカードを活用し，全員の意見を板書に位置付ける。 ★理由が書けない児童には，友達の考えを聞きに行き，それを参考にノートにまとめるよう促す。 ・ペアで交流し，全員が自分の考えを伝える場をつくる。 ・団子を食べる前後で関係がどう変わったかを自分の言葉でまとめさせる。 ・書き終わった児童から順に発表させる。

4 板書計画（ノートの想定）と実際の板書・ノート

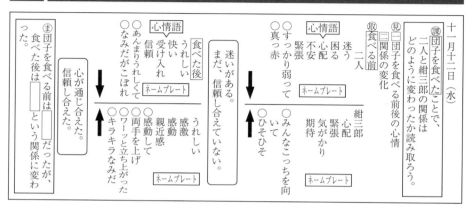

板書計画

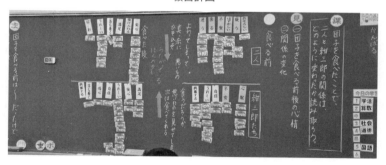

本時（途中）の実際の板書

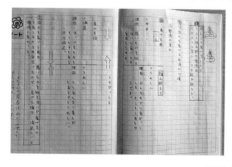
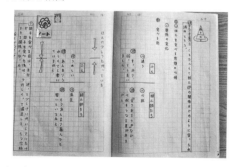

児童のノート

5　授業の実際

(1) 机上確認
　授業開始と同時に漢字検定に取り組めるよう問題用紙などが準備されている。チャイムが鳴る前に既に練習を始めている児童も多い。

(2) 始業の挨拶
　挨拶は8秒以内。声をしっかり出す。語尾を延ばさずキレのよい声で行っていた。

(3) ユニットA：本校独自の漢字検定
　挨拶終了と同時にストップウォッチを押して漢字検定。漢字検定用紙を見ながらノートに練習したり，目視・指書きで確認したりしていた。1分後，合図とともに検定用紙を裏返し，問題文を見ながら用紙に解答を書いていた。1枚目を早く終え，2枚目に挑戦している児童もいた。
　4分のタイマーが鳴るまでに全員提出。ここまで静寂な空気の中で行うことができた。

(4) ユニットB：音読
　音読前に課題を提示。「団子を食べる」という関係の変化のきっかけになった事柄については空欄。その後，音読する場面を確認して全員起立。姿勢の確認。音読ピラミッドの自己目標を決めてからそれぞれスタート。自分の席→場所を移動して→教師の前で→教師のフォローを受けたら自分の席へ→指定の場所を音読し終わったら着席して全員が終了するまで音読を続けた。
　「中身に合わせて」の評価をもらった児童は起立して音読。「抑揚がついていた。」「間の取り方がよかった。」「心が登場人物に入っていた。」と，友達からの評価を受けることができた。その代表の児童の音読を真似しながら，別な場面を音読。ペアで「ピラミッド評価」し合うと，これまでで一番高い評価をもらった児童が増えた。ここまでは普段どおりの流れであった。

(5) ユニットC：本時の課題解決
　課題の再確認を行う。「関係が変化するきっかけになったことは何か」と

発問した。分かった児童は起立。すぐに分からなかった児童には，周囲の児童がヒントを与え，制限時間内に全員起立できるよう促す。なんとか全員が起立できた。

　課題を確認後，どんなまとめにしたらよいのかを児童とやりとりしながら見通しを立て，板書。この流れは多くの児童が理解しているので，すぐにまとめの形式が出てきた。

　団子を食べる前後の心情の変化を，「心情語から選ぶ」→「ネームカードで自己表示」→「その根拠となる文を探す」→「関係をペアで考える」→「矢印で表す」のパターンで行った。一時一事指示でテンポよく行った。

　具体的には，四郎とかん子の２人と紺三郎たちの気持ちを心情語の表の中から選ぶ。（制限時間は１分。）その後全員発表。この時間までに心情語を選べなかった児童は他の児童の発表を聞いて最も考えの近い意見を選び，自分が選んだ心情語にネームカードを貼る。これにより全員が自分の考えを表現することができるとともに，根拠を考える際に，同じ考えの児童に聞きに行ったり，交流したりすることもできるようになる。

　次に，なぜその心情語を選んだのか，その根拠となる文を教科書の中から探す。（制限時間は２分。）チャンスタイムは，その活動の１分後。思いつかない児童は同じ心情語を選んだ児童に聞きに行く。４分の１ほどの児童が周囲に聞きに回る。全員２分以内に書くことができた。

　続いて２人と紺三郎の関係をペアで話し合った。関係が分かったら起立。列指名。同じ考えのペアは着席していく。起立しているペアが順次発表していく。さらに矢印で関係性を表した。全体の考えを視覚的に共有することができた。最後に，課題確認の際に提示してあったまとめの形式をもとに，自分の言葉で考えをまとめた。授業を通して話し合った心情語や根拠となる文をもとに全員が考えを書くことができた。書き終わった児童から順次発表。一言ずつ評価していくことで，まだ書いていない児童に対しヒントとなるようにした。

6 ポイント解説

(1) ユニット法

・1時間をユニット法で構成することにより，本時の指導に必須な漢字と音読の定着を図る。

　ユニットA：漢字検定時間の確保

　　・毎時間5分間検定時間を確保する。練習や確認する時間も5分間の中で含めることによって，全く書けない児童はいなくなった。

　ユニットB：音読のレベルアップ

　　・1時間の中でレベルアップを図る。場所を移動しながら読ませることによって，音読の状況を把握することができ，フォローすることができる。前半は，一人一人に担任が評価を行い，自分の音読状況を把握させる。後半は，ペアで音読し合い，児童同士で評価し合う場面を設定する。

(2) 指導言の整理

・おしゃべり授業にならないように，発問・指示・説明の何れにあたるのかを明確にしながら，一時に一事の指示を出す。

> 例・団子を食べる前の気持ちを考えます。（説明）
> ・心情語の表を準備しましょう。（指示）
> ・団子を食べる前の二人と紺三郎の気持ちを一言で表すとどうなるでしょうか。（発問）
> ・心情語の表から1つ選びましょう。（指示）
> ・時間は1分です。（指示）
> ・教科書のどの文からそう思ったでしょうか。（発問）
> ・理由を書きましょう。（指示）
> ・時間は2分です。（指示）

(3) 全員参加の手立て
・挙手指名をやめ，列指名や周り指名とする。また，発問をした時は，全員起立させるなど，全員参加の「見える化」を図る。これにより分からない児童が把握でき，周囲のサポートを図ることもできる。
・心情語を選択することによって，特別な支援が必要な児童も考えをもつことができる。また，その考えをネームカードで位置付ける。さらに，一人で解決できない児童は，「チャンスタイム」の合図で，同じ考えにネームカードを貼っている児童に聞きに行く。聞いたことを自分の言葉でノートに書く。分からない児童に空白の時間をつくらない。
・同じ意見でも，必ず自分の言葉で言い換えて答えさせる。

(4) 本時の学習内容への意識
・課題に即したまとめを課題解決に入る前に提示する。児童は，本時の到着地点をイメージすることができ，何を勉強するのかを明確にしながら進めることができた。また，まとめを先に提示することで，学習の流れの把握ができ，どのように解決していくとよいか児童が見通せるようになった。

(5) 空気の統率
・チャイムが鳴ると同時に立腰。テンポよく，全員で，全力で挨拶することで，学習への構えができる。また，挨拶が終わると同時に漢字検定ができるよう，検定用紙を準備しておく。起立，着席，発表，ノートに書く作業など，小刻みな動きを素早く全員が行うようにさせる。これにより，授業のテンポがよくなり，集中できる。
・集中，丁寧さ，きびきびとした動き，はきはきとした発言，友達への配慮，臆せずに自分の意見を表現したときなどは，瞬時にそれを認め，フォローする。フォローするたびに，学級の空気はよいものになっていく。

第2章

6　6年国語
きつねの窓

林由佳

1　単元について

　本題材「きつねの窓」は，日常と非日常で構成される世界の中で，「入口」と「出口」がはっきりと書かれた典型的なファンタジー形式の作品である。また，「色」が効果的に使われ，青と白の織りなす美しい景色が幻想的に描かれている。さらに，非日常世界への案内役としてきつねが登場し，主人公「ぼく」が語り手となって一人称で書かれていることも作品の大きな特徴である。

2　授業の流れ

ユニットA	本校独自の漢字検定
ユニットB	音読
ユニットC	本時の課題解決（物語の初めと終わりの「ぼく」の変化を読み取る。）

(1) ユニットA：漢字検定は，それぞれの進度に合わせて受ける番号のものを練習してきている。

(2) ユニットB：音読練習は，前の時間の音読の続きから音読をすることになっている。ここまではパターン化されているので，困りを感じる児童は少ない。

(3) ユニットC：本時の課題解決については前時の時間までで，色彩語からの読み取りや「ぼく」の行動や様子からの読み取りを行ってきた。その学習内容を確認したうえで，「ぼく」の気持ちが変化した場所をはっきりさせ，「ぼく」の変化を探していく。すぐに見つけられない児童は，意欲をなくしてしまいがちなので，全員が一つでも変化を書けることを目指し，ペアでの話し合いやグループ交流を取り入れて行う。

3　本時の展開

(1) 本時の目標　物語の初めと終わりの「ぼく」の変化を読み取ることができる。

(2) 本時の展開

ユニット	主な学習活動	環境の仕掛けと工夫
A 頭づくり	（予習）教科書を読み，「ぼく」のきつねに対する気持ちが分かる文に線を引いておく。	・予習してきた児童を確認し，認める。
	1．漢字検定を行う。 ○1分間確認。（指書き中心） ○4分間検定。	・漢字シートを見ながら確認。 ・練習終了後検定用紙を配付。 ・できた児童から提出。 ・早く終えた児童は，続けて2枚目に取り組む。
B 見通す	2．音読練習をする。 ○3分間で読めるところまで読み，読み終わりに日にちを書き，次回は，その続きから読むことを確認する。 ○最後まで読んだら，題名の下に○をつけ，最初から読み始める。	・時間内でどこまで読めたのかを確認する。 ・前回よりも多く読めた児童を認める。
C 思考の深化	3．学習課題を確認する。 ㊤　物語の初めと終わりの「ぼく」の変化を読み取ろう。 4．「まとめ」の形を確認する。 ㊨　ぼくは，初め，＿＿＿＿＿＿＿＿だったが 最後には＿＿＿＿＿＿＿＿＿＿＿。 5．課題を解決するための見通しを立てる。 ◎何を読み取っていけば，よいでしょ	・課題をノートに書かせる。 ・まとめの形を板書する。（ノートにはまだ書かせない。）

	うか。 ・きつねとの関係を読み取る。 ・初めと終わりでの変化を読み取る。 6．心情の変化を読み取る。 　◎気持ちが変わるところ（前半の終わり）はどこでしょう。 　・「ぼくはすっかり感激して〜」のところ。 　◎最初と最後で変わっているものを探しましょう。 　・きつねをしとめたい。 　　→きつねの家に行って指を染め直してもらう。 　・きつねにだまされたふり 　　→きつねの気持ちに共感。 　・指を染めるのが嫌。→指を染めたい。 　・鉄砲を持っていた。 　　→サンドイッチを持って。 　・獲物としてのきつね 　　→かわいそうなきつね，親切なきつね。 　◎見つけたものを発表しましょう。 　　（全体交流） 7．自分の考えをまとめる。 　◎まとめをノートに書きましょう。 　⑱「ぼく」は初め， 　　きつねをしとめようとしていたが， 　　最後には， 　　またきつねに会いたいと思っている。 8．まとめの音読 9．次時の予告	・個人で探した後に，グループで話し合う。新たに見つけたものは，ノートに書いてもいい。 ・一つでも見つけられればよい。 ・自分たちのグループで出ていないものがあれば，付け足してもいいことを指示。 ・初めの部分を板書し，終わりの部分を考えさせる。 ・「ぼく」の初めと終わりの変化を自分の言葉でまとめていく。 ・きつねに対する気持ちの変化が書かれていればよしとする。 ・ノートは全員提出。

＊準備物　漢字検定の問題用紙と解答用紙

4 ノート・板書

霜月十二日（水）
きつねの窓　安房直子

【課】物語の初めと終わりの『ぼく』の変化を読み取ろう。

初め
- きつねをしとめよう
- 白ぎつね
- 子ぎつね
- きつね
- こいつ
- だまされたふり
- 鉄砲を持って
- 指は染めたくない
- いやな顔
- 腹立たしい
- 指なんか…
- 気ののらない
- しぶしぶ

終わり
- きつねに会いたい
- 親切なきつね
- かわいそうなきつね
- ぼくと同じ一人ぼっちのきつね
- 指を染めたい
- すっかり感激して
- 何度もうなずきました
- ぼくもそんな窓がほしいなあ。
- 鉄砲をあげる。
- お礼のサンドイッチ

【ま】「ぼく」は初め、きつねをしとめようとしていたが、最後には、きつねにまた会いたいと思っている。

板書計画

実際の板書

※板書とノートは，できるだけ一体化させている。

児童のノート

5　授業の実際

(1) ユニットA：漢字検定

　授業の挨拶が終わると，すぐに漢字の練習を始め，1分間の練習の後，漢字検定を行う。速い児童は2枚目にも取り組んでいた。集中力は高く，シーンとした中で取り組んでいる。タイマーの音が鳴ると，解答用紙と問題用紙を提出し，音読の準備をする。

　漢字検定は，個人差が大きくなると，全体の意欲がトーンダウンする。進み方の遅い児童のチェックとフォローが必要である。授業後，丸付けをした後になかなか合格していない児童には個別指導をした。

(2) ユニットB：音読

　音読は，3分間で読めるところまで読む。人と比べるのではなく，前回の続きから読むので，全員がそれぞれのペースで全文をまんべんなく読める。しかし，それぞれがバラバラに読んでいるので，個々の状況が把握できない。工夫が必要だと感じている。この授業では行えなかったが，2回に1回の割合でこの音読の後，読解クイズを行っている。5問で，全員が答えられる簡

単なものにしている。
　音読とクイズの後は、必ず前回の自分と比べてどうだったのかを評価し、頑張った児童へ拍手する場面をつくっている。高学年なのでめんどくさそうにしてしまう児童もいるが、拍手を増やすことを心がけている。

「ぼく」の変化を対比でとらえる

(3) 課題提示
　音読後は、ノートに課題を書いた。書いた後は、課題から考えられるまとめの形を確認した。

(4) 課題追究
　今回は、「ぼく」の変化を読み取ることを目標にしたため、変化する前と後の境界線となる場面を最初に探させた。わりとすんなり出てきた。その境界線の前後で、「ぼく」の変化をノートに書いたうえでグループ交流したが、「ぼく」の変化という部分をしっかりと確認しなかったため、周りの変化なども含めてしまったグループも出てきた。「ぼく」の変化をもう少し強調しておくことが必要だった。また、きつねに対する気持ちや行動の変化に着目させたが、そこもしっかり確認できていなかったので、きつねに対する気持ちの変化に触れないまとめになっていた児童もいた。書く前にもう一度、ポイントを確認することが必要だったと反省している。

6　ポイント解説

(1) ユニット法
　今回は読解クイズは行わなかったが、普段は物語文の場合、ユニットBで音読→読解クイズを行っている。読解クイズは、前時の学習内容を中心に全員が答えられそうな問題（○×や一言で答えられるもの）を出しているため、児童の学習意欲向上につながっている。

(2) 発問への答えさせ方

基本的に挙手指名は行わないで個人で考えた後に，グループで交流し，列指名などを行い，1時間に全員が発表できるよう心がけた。

(3) 協同学習

なかなか自分の考えをもてなかったり，自信をもって答えられなかったりする児童もいるため，ペアの話し合いやグループの話し合いを意識的に取り入れている。これらを通して，自分の意見を言えるようになったり，自信をもてたりする児童が増えてきた。

グループでの協同的な活動

(4) 学習規律

授業開始時には，教科書が出ていること，筆箱がしまわれていること，机の上が整っていることを確認してスタートした。習慣化している児童は増えてきているが，なかなか全員がそろってスタートできることは少ない。しかし，声をかけることにより，少しずつ定着してきている。

第2章

7　6年算数
拡大図と縮図

岩﨑愛彦

1　単元について

　本単元は，「広げる」「縮める」という操作をもとに，「形が同じ」という観点で図形をとらえられるようにするものである。5年生で学習した「合同な図形」をもとに，「拡大図や縮図では，対応する角の大きさは等しく，対応する辺の長さの比がすべて等しい」を理解できるようにする。拡大図や縮図の特徴をもとに，日常生活を数学的に見つめ，活用の仕方を考えていけるようにしたい。

2　授業の流れ

ユニットA	算数頭づくり（「チャレンジわり算」）
ユニットB	拡大図・縮図の復習→本時の課題づくり
ユニットC	本時の課題解決・習熟

(1) ユニットA：自作の「チャレンジわり算」（コラム，80ページ参照）に取り組む。各自の目標を確認した後，あまりのあるわり算の暗算50問に2分間で取り組む。その後，答え合わせと評価，次回の目標記入3分間の合計5分間で実施する。

(2) ユニットB：本時の学習に結びつく復習問題にスモールステップで取り組む。拡大図と元の図を割合の関係でとらえさせ，縮尺の考え方を見通す。新しい言葉が出てきても柔軟に受け入れられるように配慮し，本時の課題づくりに結びつける。

(3) ユニットC：教科書の練習問題に取り組む。普段どおり問題文はノートに書かせ，図は印刷したものを貼付させる。教科書の解き方を写させ，問題解決の方法を理解させた後「たしかめ問題」に取り組み，自己評価までさせる。

3　本時の展開

(1) 本時の目標　縮図の表し方，縮図上の長さと実際の長さとの関係について理解する。

(2) 本時の展開（★：ポイントとなる場面）

ユニット	主な学習活動	環境の仕掛けと工夫
A 頭づくり	○「チャレンジわり算」（2桁÷1桁の暗算プリント2分間で50問） 1．個々に目標を定めてから取り組む。 2．答え合わせ後，相互評価。	・準備から答え合わせまでテンポよく行う。 ・目標を達成した児童，全問正解の児童，速い児童など，それぞれのよさを称賛し合う。結果記入後に次回の目標を記入する。
B 見通す	○ステップアップ問題 3．2分の1の縮図から実際の長さを求める。 　問題（1） 4．10分の1の縮図から実際の長さを求める。 　問題（2）	・スモールステップで本時の学習内容を見通せるようにする。 ・「今日は何を学ぶのだろう？」と問い，本時の学習課題を引き出す。

第2章　「味噌汁・ご飯」授業はこう進める―各学年の実践事例

C思考の深化	課題　縮尺の表し方を調べよう。 ○教科書問題（P.28☆6）をノートに書き写す。 ▷1　縮図の1cmは実際には何mになるか。　→　隣の児童と確かめ合う。★ ▷2　縮図上の長さを測り，実際の長さを考える。　→　隣の児童，問題が解けた児童と確かめ合う。★	・机間巡視で丁寧に書けているか，印刷した図を丁寧に貼っているかを見る。 ・何倍にすれば【実際の長さ】になるのか。

5．縮尺についてまとめる。

実際の長さを縮めた割合のことを縮尺といいます。
縮尺には，次のような表し方があります。

① $\dfrac{1}{2000}$　　② 1：2000　　③ 0 ⊢―⊣ 20m

6．たしかめ★
・地図上の1cmの実際の長さを考えて，書き込む。
・飛行場からA地点までの実際の距離を求める。

7．自己評価し，次時への意欲をもつ。

・机間巡視で，できた児童同士で確かめ合っているかを見る。

・地図帳で，距離を調べてみたい場所を考える。

4 ノート・板書

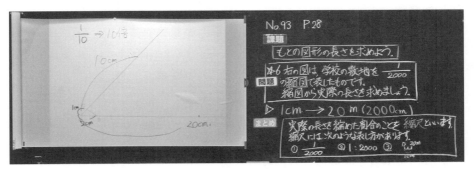

実際の板書

　左側のスクリーンには,実物投影機でプリントを映し出し,児童の発言のポイントやメモを書き込んでいった。

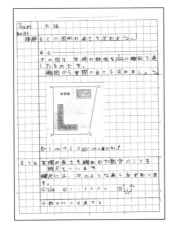 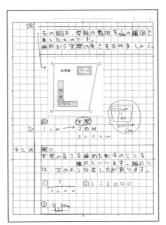

児童のノート

　左の児童は自分の陥りやすい単位の書き間違いに注意し,間違いを防ごうとしている。右の児童は正解を書くだけではなく,友達の考え方を聞いて要点をまとめている。このように,自分の学びを表現するノートを目指している。

5　授業の実際

(1) 始業前

　机上を確認し，きちんと整理ができている児童に笑顔を送った。

　「チャレンジわり算」のプリントは，いつでも自由に取り組めるように教室の棚に保管している。この時間も気付いた児童が自主的に配付していた。

(2) 挨拶と立腰の確認

　立腰と視線の確認。意識して礼ができていない児童がいたため，即やり直し。2度目でできたので「よしっ！」と評価した。

(3) ユニットA：チャレンジわり算

　全員の目標記録と姿勢を確認し，「スタート！」の声と同時に実物投影機で拡大して映し出したストップウォッチを動かした。終えた児童は「はいっ。」という声とともに挙手。その時点の残り時間を言いながら，一人一人と目を合わせた。2分後終了し，隣同士交換させる。授業者がテンポよく読み上げる答えに合わせて採点。自分の目標を達成できた児童に挙手をさせ，全員の拍手で祝福。次に，点数台ごとに挙手させ，同じように称賛と激励の拍手を送った。

　次回の目標を記入して教科書に挟んで片付けさせる。これは，休み時間に学習ファイルに綴じることになっている。

(4) ユニットB：既習事項の復習と課題想起，見通しをもたせる

　前時までに「（　）倍の拡大図」「（　）分の一の縮図」を学習してきたが，ステップアップ問題（1）として，「2分の1」から復習。全員起立させ，考えをもった児童から着席させ，つまずきをチェック。「長いものが2分の1の長さになった」点は理解できているが，「2分の1がもとの長さになる」が理解できない

ユニットB「実物投影機で」

児童が数名確認できたので、一つ一つの辺の長さを押さえ、「2cmが4cmになるということは？」と、細分化して問う。すると、「2倍」という言葉が出て、すっかり分かって得意げな表情の児童が多くなっていた。この後、「2分の1を元の数値にするには2倍する」ことを強調。ステップアップ問題（2）では、ほとんどの児童が「10倍！」と答えられた。（1）でつまずいていた児童に発表させ、自信をもたせるようにした。

本時の学習内容を説明。「地図などがあれば、実際の長さを求めることができる、縮尺について調べよう。」と言うと、児童は意欲的な表情であった。授業者と同時に書き終わるように課題をノートに書く。途中で進捗状況を見ることを装い、個人差の調整を図った。

(5) ユニットC：本時の課題解決

課題を全員で音読。テンポに乗れず、声の小さな児童がいたため、大切な言葉に注目して読むよう指示し、再び音読させた。

教科書の問題をノートに書き写させる。図については、ノート貼付用の小カードを配付し、貼らせた。机間巡視の中で、遅れている児童に、小さな声で早く書いたり貼ったりするよう指示。書くのは2分で終了とした。書き終えていない児童が2名いたが、全員に問題文を音読させる。

「（　）分の1」という実際の長さと比べた割合を「縮尺」ということを説明し、問題文中の新しい言葉を赤線で囲ませる。その後、▷1のガイド問題に1分間で取り組ませた。すぐに取り組めない児童5名を集め、ユニットBの問題（1）で再度考えさせたところ、考え方が分かったようだった。

1分後、隣同士で確かめ合わせた。答えが違った場合には、自分の考えを順に言わせた。「正しく考えられる人ほど、間違いを理解できる。」と指導してきたので、互いの考えを理解しようとしていた。

続いて▷2のガイド問題に取り組ませた。時間を5分とし、できた児童同士で確かめ合うように指示。その後は、隣同士で確かめ合わせた。

確かめ合いの中で、他の児童のよい考え方や説明の仕方を、紹介させる。「○○君の説明の仕方が、とても分かりやすい。」などと発表させ、説明の言

葉を補う発言をその児童や他の児童に求め，全体で確認した。

まとめをノートに書く。①はすぐに分かったが，②，③は初めて出てきたものなので，どういうものなのかを隣同士で話し合わせたうえで，授業者が説明した。（①は倍の考え方から求められる分数だが，②に比が出てきたことから，「比の値だ」と考えた児童もいた。③は地図帳に出ているので「よく見る」と身近な印象をもっていた児童もいた。）

たしかめ問題に取り組んだ。地図上で1cmの長さの実際の距離を求めた。どの児童もすぐに答えられるようになっていた。しかし，地図上の2地点（飛行場とA地点）の距離については，定規による実測に個人差があったり計算に時間がかかったりした。

早く終えた児童に「空白の時間」をつくらないように，地図上の別の場所を測ってみたり，地図帳の好きな場所で測ってみたりするように指示。もっと知りたい，調べたいところを語り合っているうちに時間となった。高位の児童はもちろん，低位の児童もまだ続けたがっていたが，時間どおり終了した。

6 ポイント解説

(1)「全員参加」と「協同的活動」

隣同士で確かめ合う活動を随所に入れた。

ア．全員起立し，考えがまとまったら着席する。【意思表示】

イ．できたら，隣同士で確かめ合う【ペア・グループ学習】

ウ．できたら，できた児童同士で確かめ合う【主体的かかわりの促し】

これらにより，消極的になりがちな児童も他の児童とかかわりながら取り組めた。授業者が最も意識したのは，グループで話し合う際の児童と児童の頭の距離である。頭が近づいていないときには何らかの支援が必要となる。

(2)「書く活動」と「個人差対応」

ア．書き始めが早い児童を褒める。（遅れる子は取りかかりが遅い。動き始めが早い児童を褒めることで全体が早くなる。）

イ．書き終わった後にすることを決めさせておく。「小さな声に出して読む」「問題に取り組む」「隣の友達のノートを確かめる」「次を予想して準備する」「自分の疑問点や気付き，感心した友達の考え，間違いやつまずき場面でのヒントなどのメモ」など，「空白の時間」をつくらない。

書く活動

(3) 実物投影機の活用
ア．プリントやタイマーを拡大表示することで全体確認がしやすくなる。

イ．ペンの色分けや線や文字の意味付けをしておく。基本的に大切なものは赤，それを補助するのが青，他は説明上必要なものとするなどである。それにより，児童がポイントを意識してノートにメモできる。

(4) 教師のフォローと認め合い
ア．「チャレンジわり算」に，ただ取り組ませるだけでは，苦手意識を克服できない。少しでも頑張ったことが教師や他の児童に認められることが次の目標に向かう意欲につながる。

イ．平板な「問題に取り組む」→「正解した」→「満足した」という正解志向の流れは，誤答に対する恐れを引き出す。むしろ，間違いからこそ学べることを知り，授業を仲間とフォローし合う場とすることで自己肯定感を高め，「認め合う」関係をつくっていく。

コラム　チャレンジわり算のす・す・め

　高学年がユニットAで取り組んでいる「チャレンジわり算」は，本校の地域にあるそろばん塾のS先生から学んだものだ。
　「私の塾では，中学入学までに，『2桁÷1桁のあまりのあるわり算』の暗算50問を2分間でできるようにしているんです。これができるようになると，中学校に入ってから四則演算で困ることはなくなるんですよ。」
　なるほど，あまりのあるわり算には，かけ算九九，積を求めるときの繰り上がりのあるたし算，あまりを求めるときの繰り下がりのあるひき算が含まれている。これはいいぞと思い，S先生に手づくりのプリントを分けていただいた。それをもとに，問題作成シートをつくり，「チャレンジわり算」と名付け，5年生にさせてみた。
　やってみると，ほとんどの児童が50問中5問から10問程度で終了。こんなにできないものかと驚いた。そこで，「1週間だけ，毎日2分間だけ取り組もう。」と呼びかけ，保護者にも協力を呼びかけた。
　すると，取り組んだ児童が，その1週間でかなりできるようになったのだ。中には，自分で毎日取り組む児童も出てきた。毎回，同じプリントなのですぐに慣れ，しかもたった2分でできることで意欲的になれるようだ。
　取り組み始めて1年。今では学級の半数以上が2分以内で50問正解できるようになっている。30点台の子がまだ2名いるが，他は40点以上である。特に驚くのは，習熟度別グループ学習の下位グループの児童が，継続的に取り組んだことでほとんどが40点台後半になったことである。この取り組みによって自信をつけ，上位グループに進んだ児童も少なくない。
　何よりうれしいのは，「できた」という自信が，笑顔で授業に臨むことにつながっていることだ。S先生に，心から感謝している。

（岩﨑愛彦）

第3章
「味噌汁・ご飯」授業を振り返る一人研究授業

第3章では，「一人研究授業」（3，4年は「述懐」）の記録を紹介する。

「一人研究授業」は，『日々のクラスが豊かになる「味噌汁・ご飯」授業　国語科編』（明治図書）で，次のように説明されている。

> 「味噌汁・ご飯」授業を「点検・改善」する研究方法として，「一人研究授業」を提起している。
>
> この研究は，自分1人で行うものである。どのように行うのか。
>
> ①月に1回，自分の授業を録音する。
> ②録音した授業を聞く。
> ③我慢して最後まで聞く。
> ④ねらいが達成されているか検討する。
> 　無駄な言葉，口癖などのチェックをする。
>
> なぜ，この「一人研究授業」がいいのか。
>
> 自分の授業を客観視できる。
>
> （43～44ページより抜粋）

以下，本校の教師たちの取り組みをお読み戴ければと思う。

第3章

1 一人研究授業
言葉，確認，フォロー

廣田沙織

1 研究の視点

　今回の一人研究授業では，以下を視点とした。まだまだ気になり，改善しなければいけないことはあるが，最も自分が改善したい3点に絞り込んだ。

(1) 余計な言葉を削り，短く適切に話しているか。
> 　児童が分かりやすい学習にするには，教師の言葉は短く分かりやすくなければならない。自分の言葉はどうなのか。

(2) 机間巡視をして確認をしているか。
> 　特にノートを効率よく確認できているか。また，児童の考えを瞬時に読み取ることができているか。

(3) 効果的なフォローができているか。
> 　フォローの声かけを多くし，意欲を高めているか。フォローの声かけは効果が上がっているのか。

2 研究の経過

(1) 余計な言葉を削り，短く適切に話しているか。

　初めて1年生を担任するということもあり，4月から指示は一つずつ，短く話すということを心がけてきた。6月には，「ノートを出します。」「鉛筆を置きます。」などのように，指示が短く分かりやすいものになっていた。

　しかし，児童の発言を繰り返すという癖があることに気が付いた。

　算数の授業では，
C:「5です。」

挙手の仕方をやってみせて指導

T:「5です。そうだね。」
C:「車です。」
T:「車です。よく分かったね。」
というように,かなり余計な言葉があった。児童の発言を繰り返すことで,意見を認め,受け入れているのだと勘違いしていた。

　9月には,児童の発言を繰り返すということは改善されていた。しかし,新たな課題が見つかった。いろいろな形のブロックを触って何の形か当てるという算数の授業で,説明しなくてはならない場面が多くあった。そのとき,「隣の人がブロックを手に乗せます。こう乗せます。」「もらった人はどんな形か言います。触って言うんだよ。」などと同じことを繰り返して言うことで,かえって説明が分かりにくくなっていた。一度で十分である。ただ,言葉と言葉の間を空けて話すことで,児童を集中させることができるようになってきたのも,この時期である。

説明は指示棒を使い,児童を見ながら

　10月の授業でも,言葉の繰り返しがあり,もっと削れる部分があった。どうしてだろうと考えた。頭の中で,どの言葉を使うかはっきり決めることができないまま話しているからだと感じた。しっかりと授業の流れを考えているつもりでも,授業の内容や活動も多くなり,あいまいさが余計な言葉として出てきてしまっている。説明や指示を頭の中で整理してから話すよう心がけなくてはならないと思った。

(2) 机間巡視をして確認をしているか。
　6月の授業では,確認をしっかりしようとするあまり,時間をかけすぎてテンポが悪くなってしまっていた。1年生だから,ノートはよく確認しなければと思い,ノートに書くたびに確認をしていた。しかも,その確認の時間

が長すぎる。その様子をビデオでしばらく見てみたが，長すぎると思って早送りしてみても，まだ机間巡視の場面だった。児童はよく静かに待っていられたなと申し訳なく思った。見るポイントを絞り，ルートを決め，素早く机間巡視しなければいけないと思った。

9月の授業では，活動を多くし，机間巡視で全員がしっかりと活動できているか確認することができていた。しかし，逆にノートの確認は，不十分になっていた。ノートの書き方が定着してきたので，気をゆるめていた。もう少し机間巡視の回数があってもよかった。このあたりのバランスを考えなければいけないと思った。

机間巡視で瞬時にノートを見取る

10月の授業では，ノートを書くときの机間巡視のスピードや回数がだいぶよくなっていた。必要以上に時間をかけることなく確認ができていた。また，この授業ではノート発言を取り入れていたため，全員の意見を机間巡視で確認することもできていた。

(3) 効果的なフォローができているか。

6月の授業では，フォローの言葉がほとんどなかった。（1）でも書いたが，児童の言葉を繰り返しフォローしているつもりになっていた。短い指示の後にフォローを入れたらよいと思う場面があった。

9月の授業では，課題を立って読ませている。そのときに必ずフォローを入れていた。しかし，姿勢をよくさせた後のフォローや，活動に対してのフォローがほとんどない。学習規律の指導確認場面でこそ，フォローを入れなければいけない。

10月の授業では，フォローの言葉自体は1学期に比べて増えていた。しかし，やり直しをさせた後のフォローがないことや，褒めているのに表情が硬いためにあまり褒めている感じがしないということに気付いた。もっと大げさにフォローするくらいでちょうどいいと思った。

3 分析と課題の発見

6月の算数「ぜんぶでいくつ」では，机間巡視はしっかりできていたが，時間が長すぎた。確認と時間のバランスが大切だと感じた。また，確認の際，フォローの言葉が一切ない。児童が見てもらっていると思えるようにフォローする必要がある。

学習規律に対する指導も少なく，フォローを入れながら学習規律の指導もしなければと反省した。

9月の算数「かたちあそび」では，教室の全体が見えていないことがよく分かった。カメラを気にしている児童に気付いていなかった。また，全員参加を意識して列指名にしていたのだが，自分の視線が発表者ばかりに向いているため，発表していない児童を集中させきれていない。

授業にテンポは出てきつつあるが，全員を見て全員を相手に授業を進める必要があると感じた。

10月の国語「はたらくじどう車」の授業は，パターン化した授業だったため，児童はスムーズに活動することができた。また，ノート発言を取り入れて，全員参加の授業をすることができた。ただ，表情が硬かったり，フォローの言葉が単調であったりと改善すべきことはまだまだあると感じた。もう少し明るい雰囲気で授業をするように心がけていきたい。

4 一人研究授業に取り組んで

初めて一人研究授業に取り組んだ。本来は，音声のみを録音して行うとさ

れているが，言葉，身振り，表情など，様々な面から自分の授業を振り返りたいと思い，ビデオで撮った。ビデオで見ると，自分が授業を受けている気分になった。そして，児童がどれだけ耐えて授業を受けているかが分かった。はじめの頃は，机間巡視に時間がかかりすぎているにもかかわらず，児童は静かに待っていた。しかし，それに気付かない私は，フォローの言葉を出していない。机間巡視がスムーズになってきた頃には，抑揚のなさが気になった。単調な授業で楽しくない。表情も暗い。

　自分がやっている感覚と，授業を受けている側の感覚が大きく違うことにショックを受けた。これは，一人研究授業をしなければ，絶対に気付かなかったことだ。これからも，直さなければいけない部分を意識して授業し，授業力の向上に努めていきたい。

第3章

2 一人研究授業
指導言，言葉遣い，目線

吉井文乃

1 研究の視点

　平成26年度から教師となり，初めて児童の前に立ち授業をするようになった。今まで理想としていた授業はあったが，実際に授業して感じたことや，先輩の先生方に教えて戴いたことは自分では考えたことのないことばかりであった。同じ教師という立場ではあるが，先輩の先生方に比べ授業力がまだまだ弱い自分にとって，この一人研究授業はとても身になるものであった。特に改善していきたいと思ったのは以下である。

(1) 指導言（発問・指示・説明）の区別はできているか。

　自分の授業中の音声を聞いていると，とにかく分かりにくいことに気が付いた。なぜかと考えると，「①言葉の言い直しが多い。②後付けの説明が多い。③説明が長い。④発問がくどく，どう答えたらよいか分からない。」という4つの点があった。

(2) 言葉遣いは適切か。

　あまり意識していなかったが，言葉遣いによって授業の雰囲気や理解度に影響があると指摘され，次のようなことに気が付いた。①ポイントとなるところではなく，最後の「します。」「です。」が強調されている。②「思います。」が多く，指示が曖昧である。③自信のないところでは声が小さく早口になっている。

(3) 児童への関わり（目線・発言への対応・机間巡視）は適切か。

　授業を流そうと意識しすぎてしまい，児童への関わりが疎かになってしまっていた。例えば，板書するときや話すときに目線が下がっていて児童を見ていないことや，机間巡視の際に多く見るところとほとんど見ていないところがはっきりと分かれてしまっていることが多かった。

2　研究の経過

（1）指導言（発問・指示・説明）の区別はできているか。

　教師は1時間の流れや答えを知ったうえで授業をしている。また，教材研究も長い時間かけて行っている。しかし児童は，初めてその学習内容や方法に接する。教師が理解できても児童が理解できるとは限らない。だから，

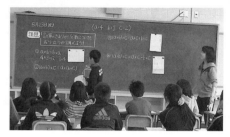

「分かりやすい」指導言が重要であると考える。

　そこで，まず後付けすることなく的確に指示することを心がけた。しかし，それでもなかなか伝わらない。児童が不安な顔をすると，結局長々と言ってしまい，授業のテンポを悪くさせてしまった。また，児童が悩むことを予想できず，質問されてからの後付けの説明もなかなか減らすことができなかった。

　しかし，経験と反省を積むことでどのような言葉で指示したらいいのか少しずつ分かるようになってきた。最もよかった改善点は，一つ一つ分けて指示することであった。一度に多くのことを言ってしまうと理解度に差が生まれてしまう。一つ一つ確認しながら行うことが必要だと感じた。発問，説明に関しても，児童に伝わる言葉をよく考えるように心がけていきたい。

　また，簡単な発問に対してもなかなか反応が返ってこないときがあった。発問が分かりやすくてもどう答えたらよいか分からなければ児童は自分の意見を表に出すことができないからである。そこで，発問の後には必ず指示をすることを意識するようにした。ノートに書くのか手を挙げるのか，友達と相談するのか，場合に応じて指示するようにしていった。

（2）言葉遣いは適切か。

　自分の指導言を聞いていると，「〜してほしいと思います。」「〜できればしましょう。」などと曖昧なものが多かった。「〜します。」「〜しなさい。」

というように，きっぱりと言う必要がある。授業のテンポや分かりやすさを考えると，曖昧な指導言は児童にとってなんの優しさにもならないと分かり，意識してきっぱりと言うようにした。また，「〜してください。」「ありがとう。」「お願いします。」というような言葉も多かった。これらの言葉が口癖のようになってしまっていた。最初，これを校長から指摘されたときは，何が悪いのか分からず，あまり意識できなかった。しかし，自分の授業に締まりがなく，時間と共に児童の集中力がなくなっていくのはなぜかと考えたときに，これらの無駄に長い指導言が大きな影響を与えているのだと思った。これらの指導言では，児童を自分たちが先生のためにしてあげているのだという感覚にさせてしまうのである。言葉遣いが長い期間を通して見ると，授業に大きな影響を与えていると気が付いてからは，意識を強くもって直していこうと努めている。

(3) 児童への関わり（目線・発言への対応・机間巡視）は適切か。

　一日の中で児童と接する一番長い時間は授業である。その時間に児童のことを見ることができていないと学級経営はできないと思う。しかし，TTとして入って戴いた先生に「○君〜していたのに気付いていた？」と聞かれると何も答えられなかった。見ているつもりでも全く見えていないことに気が付いた。それからは，板書のときに七三の構えで児童を見ながら書くことを意識したり，机間巡視のコースを意図的に変えたりして，全体を見ようとした。そして，それがある程度できるようになってくると，次の課題が見えてきた。それは，見えるようになった児童の姿をどう生かしていくかであった。全体の手が止まっていない状態で指示をしないことや，いい姿勢で聞いている児童を適宜フォローするなどすることで「先生は自分たちのことをよく見ているなあ。」と思わせるようにと心がけた。しかしこれは本当に難しいことだと思う。

3 分析と課題の発見

(1) 指導言（発問・指示・説明）の区別はできているか。

　まだ，話が長くなってしまうこと，分かりにくい説明などは多々見られるが，発問・指示・説明の違いを意識し，一文を短くすることを意識して授業に臨んでいる。テンポのよい授業を行っていくために，これからも日々録音したものを聞いて，不必要な言葉を削っていきたい。

(2) 言葉遣いは適切か。

　言葉遣いを直すことは本当に難しいが，児童が「先生のためにしてあげている」という意識ではなく，主体的に授業に取り組めるようにするため，きっぱりと言い切る指導言にしていきたい。また授業中の「ありがとう。」「お願いします。」をなくしていきたい。授業中と休み時間や給食時間のときな

どの言葉遣いを意識して変えることによって，授業に緊張感を生み出したい。

(3) 児童への関わり（目線・発言への対応・机間巡視）は適切か。

　授業の流ればかりを重視するのではなく，授業中の児童との関わりをこれからさらに大切にしていきたい。そして，どんなときも「先生に見られている」と思わせ，油断できないという緊張感と，「先生は頑張りを見てくれている」という安心感をもたせたいと思う。そのために，全体を常に見ることはもちろんそれぞれの児童に短い言葉でフォローをたくさんしていくことに努めていきたい。

4 一人研究授業に取り組んで

　一人研究授業に取り組んでみて，今まで意識せずに行っていた自分の行動を知ることができた。それが，「かくれたカリキュラム」になっていたこと

に，今気付くことができてよかったと思う。最初，自分の授業を聞いたときは，発問・指示・説明がすべて長く，しかもよく分からず，児童に申し訳なくなった。どうしてすぐ活動しないのか，どうして誰も発言しないのか，と知らずに児童を責めていたが，原因は自分にあるのだと分かった。まず一刻も早く，分かりやすく話せるように意識して直そうと思った。まだ，自分では具体的にどうしたらよいか分からなかったので，周りの先生方からアドバイスをもらい，語尾を「〜します。」とはっきりさせることや一時一事指示から実践していった。しかし，意識しているはずでも，後半になると「どうしてこの公式が成り立つか分かるかな？ 図を使って説明していきたいと思うんだけど，ちょっと考えてみようか。あ，まずはノートに書いてもらおうかな。」といったようにテンポもなく，やらなくてもやってもいいような曖昧な指導言になっていた。今のはだめだと授業している最中に気付くこともあるが，やはり，後で録音を聞いたり映像を見たりしないと気付かないことも多かった。

　また，一人研究授業では，見落としてしまっている児童の姿を見て学ぶこともできた。児童の姿を客観的に見なければ本当の授業の改善点を見つけることはできない。今もまだまだそうであるが，最初のうちは，どこを見て授業をしているのかと思うくらい児童を見ることができていなかった。自分は一生懸命話しているが，ずっと下を向いて書いていたり，隣の児童と何か話したりしている児童が何人もいた。活動の場面で，何もしないでぼーっとしている児童も多かった。しっかり児童が見えていたら，その児童に無駄な時間をつくらせなくてすんだのにと思うと辛くなった。ここから，自分の机間巡視の回り方や目線の配り方，立ち位置についても意識するようになった。

　これからも一人研究授業を続けて，自分の課題点を見つけ，児童のためによりよい授業を目指していきたい。

第3章

3 一人研究授業
課題とまとめ, 全員参加, ノート指導

加藤優子

　日常授業を考えるにあたって、児童にどんな力をつけさせたいのかを考えた。毎時間の積み重ねができること、児童自身が今何をするとよいのかを明確にしながら意欲的に取り組めること、そして、自分たちが進化&深化しているという実感を味わわせること。それを目指して、次の視点で取り組んだ。

1　研究の視点

(1) 課題とまとめをどうするか。

> 課題をなぜつくるのか。どのように設定するのか。また、まとめとの整合性をどうもたせるのか。児童の活動にあった課題とまとめを設定できるようにしたい。

(2) 全員参加の授業をどうつくるか。

> 39名いるクラスで、傍観者になってしまう児童をつくらず、全員が参加できる授業にするためにはどのような手立てをとるといいのか。

(3) ノート指導をどうするか。

> 板書を写すだけのノートではなく、1時間の思考の流れが見えるノートにするためにはどのようにするといいのか。また、素早く書くという意識をもたせるにはどうすればいいのか。

2　研究の経過

(1) 課題とまとめをどうするか。

　算数の授業を考える際、問題は書くけれど、課題はいらないのではという話を聞くことがある。本当にそうなのだろうかと疑問を抱き、課題のあり方を考えるようになった。また、いつも与えるのではなく、児童自ら課題を見いだせるようにできないかと考えた。

算数における問題と課題の違いを考えたとき，問題は式や答えを問われていることに対し，課題はその時間で学ぶべきことは何かを問うものではないかと考えた。

① 課題設定

そこで，問題から課題づくりへの流れを考えた。

算数では，次のことを行うことで，ほとんどの授業で児童が課題を発見できるようになった。

・既習事項とのつながりを意識させる。
・問題を提示した後，前時と何が違うのかを押さえる。

例えば…

〈小数のわり算　第1時〉

＊前学年までの既習事項の確認

2mの代金が100円のリボンがあります。1mでは？
　　100÷2（整数÷整数）

＊本時の問題

1.6mの代金が96円のリボンがあります。1mでは？
　　96÷1.6（整数÷小数）

「今日の問題は小数で割っているね！」「今まで習っていないね！」という発見を児童にさせる。そこから，課題が生まれる。

課題
整数÷小数の計算の仕方を考えよう。

〈平均　第3時〉
＊前時までの既習事項の確認

曜日	月	火	水	木	金
人数	5	3	7	6	4

＊本時の問題

曜日	月	火	水	木	金
人数	5	0	7	6	4

「あれ？　今日の問題は0があるよ。」「どうすればいいのかな。」
という疑問をもたせる。そこから生まれた課題が以下である。

| 課題 |
| 0があるときの平均の求め方を考えよう。 |

このように既習事項の確認の流れから本時は，これまでと何が違うのかを考えさせるようにすることで，課題が自然に導かれた。

② 課題とまとめの整合性

「まとめとの整合性をもたせる」という点では，

| 課題　整数÷小数の計算の仕方を考えよう |
| →まとめ　整数÷小数の計算は，…… |

| 課題　0があるときの平均の求め方を考えよう。 |
| →まとめ　0があるときの平均は，…… |

というように，課題とまとめを同じ書きぶりにすることで，ずれが生じないようにした。

国語においても，整合性をもたせるという点と，この時間は何を学ぶとよいのかを明確にするために，課題を提示した直後に穴埋め式の未完成なまとめを提示した。これにより，課題と学習内容，そしてまとめがぶれることなく授業を進められるようになった。

(2) 全員参加の授業をどうつくるか。

　挙手指名方式の授業をしていたところ，校長からやめた方がよいという指摘を受けた。現在のクラスは，積極的に挙手をしながら意欲的に学ぶ児童が多い。目を輝かせながら，自分に当ててほしいと言わんばかりに手を天井に突き上げ，前のめりになって指先が一直線に私の方に向かってくる。児童のその雰囲気は私にやりがいを感じさせてくれた。

　しかし，指摘を受け，考えてみた。よく見ると，毎回全員が手を挙げているわけではない。全員が参加できるようにするための指導法を変えなければならないと考えるようになった。

　そこで，

| A　動きのある小さな活動を入れる。 |
| B　テンポをよくする。 |
| C　必ず考えをもたせる。 |
| D　挙手指名を極力やめる。 |

ということを考えた。具体的には，以下のようなことである。

A　動きのある小さな活動を入れる。

①全員，起立。〇〇と５回言ったら座りなさい。
②できたら立つ。
③できたら立つ。→隣の人と同じなら座る。
④全員起立→説明できたら座る。
⑤隣の人と説明し合う。→できたら立つ。

B　テンポをよくする。

①問題や課題を板書するときは，声を出しながら。（児童は聴写が可能）
②時間設定は小刻みに。
③立つ，座る，ノートに書く，移動する…スピーディに。
④どんどん声出し。

C　必ず考えをもたせる。
> ①Aの「小さな活動」を生かして。
> ②当てられたとき「同じです。」は駄目。
> ③必ず意見を求められるという緊張感。
> ④一人で悩ませない。分からなければ聞いてでも自分の考えをもたせる。
> ⑤ネームカードで意思表示させる。

D　挙手指名を極力やめる。
> ①指名は，列指名を中心に。
> ②考え方が何通りかある場合は，それぞれの考えごとに全員起立させ，発表させる。
> ③プチ交流の場をつくる。
> ④Aの「小さな活動」を生かす。

(3) ノート指導をどうするか。

　板書を写すだけのノートではなく，思考の流れが見えるノート，そして，振り返られるノート，進化していけるノートづくりについて考えた。

《算数のノートづくり》

○ノートの形式

　基本は見開き2ページ。

　問題，予想，課題，見通し，取り組み，まとめ，練習問題など授業の流れをパターン化しているので，その項目を書く場所として，左から2マス目と3マス目の間に縦線を引く。

○書く速さ

　問題もノートに書かせる。問題を書くときはスピードが大事。教師が声に出しながら板書をする。慣れてくると，児童は見て書くのではなく，聴きながら書き始める。速い児童は，教師より先に書き終わるようになった。褒めるとほとんどの児童がのってくる。

○枠をつける

　問題は鉛筆。課題は青枠。まとめやポイント，気付いたことは赤枠。

○見やすさ
　行間は詰めない。枠は長方形とし，線は必ず定規で引く。
○進化するノート
　友達との交流で分かったことを付け足す。その時間分かったことを，ポイントとして自分の言葉でノートにまとめる。ポイントとして書かせると，長々とした文にはならず，振り返ったときに分かりやすい。
　児童は，２ページで収まるように行間の空け方を意識しながら書けるようになってきた。

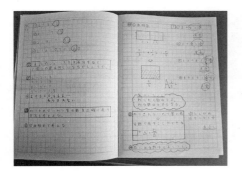 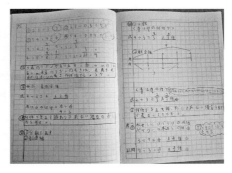

ポイントを付け足しながらまとめた算数ノート

《国語のノートづくり》
　写すだけの見づらいノートになっていた国語のノートを，算数同様，見開き２ページで書くことができるよう板書計画を意識した。
○ノートの形式
　音読ピラミッドを右上に小さく。
　課題はピラミッドの隣から。
　まとめはノートの最後になるようイメージさせる。
○見やすいノート
　最初のうちは，行間を空ける場所は，板書をする際に「レ」のマークを付ける。黄色や緑など児童が持っていない色で板書するときは，四角で囲む。

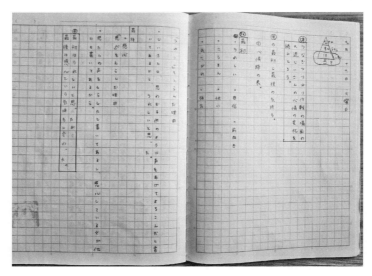

見やすさを意識した国語ノート

○ノート交流

　ノートを集めて，工夫しているノートを紹介。よいところにコメントを書き，よさを伸ばす。

3　分析と課題の発見

(1) 課題とまとめをどうするか。

　本時の新しいところ，これまで学習したところは何かを意識した授業の流れをつくることにより，算数の場合は，ねらいにそった課題が児童の口から出るようになった。児童が課題を強く意識できるようになってきたことにより，今何を学習しているのかブレがなくなってきたように思う。

　また，まとめは課題を確認した直後に提示することにより，ゴールが明確になり，どのような学習をしていくとよいのか見通しをもちながら取り組むことができるようになってきた。

　国語と算数については課題とまとめを意識した授業になりつつあるが，他教科ではまだどう設定すればよいかが分からないことも多い。これから研修

していきたい。
(2) 全員参加の授業をどうつくるか。
　4つのポイントを意識することにより，児童がボーッとしている時間がなくなった。立ったり座ったりすることも多いし，常に考えが求められるので，児童は忙しい。

　全員授業をやり始めて，特にうれしかったことは，普段物静かで自分からはあまり話さない児童が，全体の場で発表できるようになったことだ。研究会で周りに大勢の参観者が見ている中でも発表していた。全員授業について研究してよかったと思えた瞬間だった。

(3) ノート指導
　ノートづくりについて教師側が意識したことで，児童にもきれいで見やすいノートをつくろうという意識が見られるようになった。つくり方を説明するだけではなく，時々お手本のノートを紹介し，どこがよいのかをみんなで考え合った。そうすることによって，それを真似してみたり，さらに工夫してみたりと少しずつ進化も見られた。

　家庭学習でも授業で学んだことを生かして，工夫してノートづくりをしてくるようになってきた。他教科でも行間の空け方など見やすさを意識するようになってきた。

　ただ，自分の考えは見えるが，他者の考えを書いたり，自分の思考の変化が見えたりするノートにはなっていないので，それができる授業づくりについても考えていきたい。

第3章

4 一人研究授業
おしゃべり授業の克服，ユニット法

林由佳

1 研究の視点

一人研究授業では，視点を以下の2点に絞った。

(1) おしゃべり授業を克服する。

> 人数の多さに加え集中力が持続しない児童が多く，常にざわついている雰囲気がある。指示をしても通らないことが多い。その原因の一つとして自分の話が長く，指示が分かりにくいことが考えられた。これを改善するため，話す言葉を精選し，分かりやすく効果的に伝えられるようにしていく。

(2) ユニット授業の構成をより洗練されたものに。

> ユニットAで児童が学習意欲をもてる活動とはどのようなものなのか。ユニットCの最後までに，習熟やまとめまでいける時間配分はどのようにしていけばよいのか。

2 研究の経過

(1) おしゃべり授業を克服する。

音楽「鑑賞　運命」の授業では，おおまかな授業の流れは番号を言いながら，行うことを簡潔に説明することができた。しかし，作曲者と曲の説明では，情報として話す内容が多すぎた。曲を聴かせてから，使われている楽器や，主題となる旋律が何回出ているか，思ったことや想像したことをワークシートに書かせた。ワークシートのどの部分に書くのかを指示したのだが，説明が分かりにくく，指示が全体に浸透しきらなかった。

書写「毛筆　日記」の授業では，机の上を確認してから，書くポイントについて説明した。その際，野中先生の方法を真似て，ポイントは3つに絞り，全員で一画ずつ確認して書いた。そして，2枚目を書く前に，3つのポイントの中から自分で課題を一つ決め，各自で書かせた。ここからは，机間巡視

でチェックとフォローをした。最後に1枚提出した。音楽のときよりも、児童は集中して取り組むことができた。

(2) ユニット授業の構成をより洗練されたものに。

　算数「速さ」の授業では、ユニットAで「チャレンジわり算」に取り組んだ。2分間で50問のあまりのあるわり算を解き、一斉に丸付けをし、評価とフォローを行った。ユニットBの、本時の授業内容に関係する復習問題は、テンポよく進めることができた。まとめまでは全員書けたが、テンポが今ひとつで最後の確認・発展問題まではいけなかった。

　国語の「川とノリオ」の授業では、ユニットAで漢字検定を行い、ユニットBで音読、前時の確認問題を行った。ユニットCから課題を確認し、川の様子を発表した後、ノリオの様子を発表した。この発表前には、ペアの話し合いも取り入れた。

　「伊能忠敬」の授業でもユニットA、Bについては「川とノリオ」のときと同じように進めた。ユニットCでは、課題把握の後に、忠敬が行ったことをノートに書いた。すぐに取り組めない児童のために、時を示す言葉を板書し、そのときに合わせた忠敬の行動を書くことにした。ある程度書く時間をとった後は、ペアで交流し、全体で確認した。最後はノートを提出して終了した。

3　分析と課題の発見

(1) おしゃべり授業の克服

　音楽の授業では、作曲者や曲の説明が長くなってしまった。調べれば調べるほど、伝えたいことが多くなり、整理しきれなかった。調べたことの中から絶対に伝えなければならないことをもっと絞っていくことが必要だった。また、ワークシートを使用したが、書く量が多すぎて、配ったときの児童の反応には、「これ、全部書くの？」など、マイナスの発言が多かった。やる

気をなくすワークシートになってしまった。また、鑑賞しているときの私語が多かった。原因は、鑑賞前の指示が曖昧だったためである。もっと分かりやすい指示が必要だった。

書写の一斉に書く場面では、集中できるようになってきた。しかし、書くポイントの説明では、やはり説明が長すぎると感じた。録音を聞いていると、「ポイントは３つ。」と言いながら、一つの中に２つの項目が入っているのに気が付いた。児童にとっては、気を付けなくてはいけないことが多すぎて、ポイントがぼやけてしまった。机間巡視では、全員に声をかけることができなかった。何となくできている児童に声をかけていなかったので、全員に声をかけることができる巡視の仕方を考えるべきだった。書く前に自分の目標を決めさせたが、書いた後に自己評価させる場面をつくっていなかった。課題を決めたら、必ず評価する場面を設けなくてはならないと反省した。

(2) ユニット授業の組み立て

算数で行っている「チャレンジわり算」では、評価とフォローを行うことで、意欲を高める児童が増えた。復習問題はテンポよく進んだので、児童は意欲をなくすことなく進めることができた。最後の確認問題までいくためには、課題の後の説明の時間を縮めていくことが課題である。

国語の授業で行っているペアの話し合いは短時間でスムーズに行うことができるようになってきた。ユニットＡとＢが長くなってしまい、本時の時間が足りなくなってしまった。一斉に音読する場面では、そろっていないのにそのまま進めていた。もう一度読み直させた方が、児童は意識をするし、内容も入ってくると思った。読解クイズについては、児童の意欲喚起につながっていた。しかし、全員正解には至らず、問題の吟味が課題である。

個人活動場面では鉛筆が進まない児童のために「時」を示す言葉を書いたことにより、活動は黒板に書かれた「時」を探す方に傾き、出てくる内容が固定されてしまった。ある程度の枠は必要だが、「黒板に書いていないところで見つけたことも書いていいよ。」などの声かけが必要だった。

ペアの話し合いから，黒板を使っての交流へ

4 一人研究授業に取り組んで

　一人研究授業の取り組みを行って，自分の授業の課題がはっきりと見えてきた。すぐに直すことはできなかったが，回数を重ねるたびに，少しずつ意識し，改善することができてきた。しかし，一つ改善すると，次は他の課題が気になり，何度行っても，満足のいく授業などなかった。自分の授業の下手さ加減を思い知らされた分，教材研究や授業の技をもっと学んでいきたいという意欲につながった。

第3章

5 一人研究授業
課題とまとめ，フォロー，板書

岩崎愛彦

1 研究の視点

これまで自分は頑張ってきたつもりでいた。しかし，「一人研究授業」に取り組んでみて，日常授業をいかにいい加減にやってきたかが見えてきた。そこで，初心にもどり，一から見直してみることとした。視点は以下の3点とした。

(1) 課題とまとめのあり方をどうするか。

> うっかり「学習課題」を板書せずに授業をしてしまうことがあった。授業者も児童も課題をしっかりと受け止めるためには，まとめまでを見通した課題設定を，どのように行ったらよいのだろうか。

(2) 自信のない子へのフォローをどうするか。

> 低位ではなくても自信をもてない児童が意外に多い。そういった児童に自信と意欲をもたせるフォローをどのようにしていくのかについて具体的に検討したい。

(3) 板書のポイントは何か。

> 授業後の板書を見ると，その授業の善し悪しが分かる。児童の学びに効果をもたらす整理と分かりやすさのポイントを明らかにしたい。

2 研究の経過

(1) 課題とまとめのあり方はどうするか。

① 短時間で書くことができる課題

課題を板書するのは当然であるが，惰性で書くのでは，学習は深まらない。児童が書きたい，書かなければと思えるような課題にしなければ意味はない。そこで，まず課題の言葉を短くし，短時間でノートに書けるようにすることを心がけた。そして，最初は多少汚くても早く書くことに集中させ，「誰が一番早いか」と競争の要素を入れたり，「教師より早くできたら立派」とし

たりして，どんどん褒めるようにした。自信がついてくると，早く丁寧に書けるようになった。

② まとめまでの見通しがもてる課題

　同時に「課題」の内容を考えた。終わりが見えない活動は苦痛である。本時の活動・まとめの見通しをもてるような課題になっているだろうか。どのようなことに取り組み，どんな活動をするのか，またゴールがどこなのかが児童に見え，「どこまでやれば終わり」がはっきりしている課題になっているとき，「そこまでは頑張ろう」という意欲が湧くのだろう。これを考えるには「課題道場」（155ページ参照）が大いに役立った。

(2) 自信のない子へのフォローをどうするか。

① 自信のなさを共感的に理解する

　算数科で習熟度別少人数学習に取り組んでいる。比較的受け持つことが多い下位集団では，周りの児童が書いたものを真似しようとする児童が多かった。そういう児童は積極的に発言しようとすることも少なかった。このような児童に，ただ「頑張れ。」と言うだけでは変化しない。まず，どうして自信をもてないのかを共感的に理解することが必要だと思った。

　友達の前で話すことに怖さを感じてしまう児童は，低学年で友達関係がうまくいかなかったうえに，間違いを笑われた経験があった。こうした児童の気持ちを共感的に受け止めたうえで，「できた」実感と自信，そして，「できそうだ」「やったらうれしい」という気持ちをいかにもたせるかが課題と考えた。

　また高位の児童にも，意外と自信のない児童が多いことが，振り返りなどから読み取れた。フォローによって，自信をもたせるようにと心がけた。

② 「取り組めた」から「できた」へ

　少人数学習ではスモールステップで授業を進め，小さな一つ一つの活動で「できた」ことを認め，褒めることで少しずつ自分への自信と意欲を培うようにしたいと考えた。ある児童は，「分からない。」と思った瞬間にやる気がなくなり，トイレに行きたいと訴え，時には他の子の取り組みを邪魔してし

まう。このような児童が数名いたので，家庭の理解と協力を得ることも含めた様々な工夫が必要であった。授業の中では，ほんの少しでも「取り組めた」場面を見逃さないようにし，すかさずフォロー。そして，さりげなくヒントを出すなどして「できた！」まで，確実に導くようにした。

③ ノートで「できるより変わることが大事」を実感させる

ノートは，取り組みや結果が見え，残る非常に重要な学習用具である。まず，「課題を書く」「問題文を書く」「式を書く」など，授業者が指示したことに素早く取り組めることを目指した。次に「できることより変わることの方が大事だよ。」と話し，「間違いを残したまま，赤で新しい解き方を書き直す」という段階に進んだ。そして，素直に取り組む児童が現れたら，うんと褒めた。さらに，「自分のために間違いをなくすメッセージを書こう。」という取り組みも行った。すると，「ここ，間違いやすいから注意！」などと書く児童が出てくるようになった。そのときには他の児童に紹介し，真似していこうと話した。これらにより，自信がなく，自分の考えを積極的に表現しようとしなかった児童も，のびのびと発言するようになった。「正解を出す」より，真摯に問題に向き合う姿勢にこそフォローすることが大切だと実感した。

(3) 板書のポイントは何か。

① 少しでも整理できるように

算数の少人数指導では，初任者とグループを分けているので，同じ内容を指導した後に，よく板書を比べてみた。初任者を指導するというねらいもあったのだが，自分自身の板書を見直すという意味の方が大きかった。

以前は色分けにより，視覚的に要点が分かるように工夫する程度であった。しかし，校内研修で校長から「色を使えばよいというものではない。」と指摘され，原点に返って考えることにした。

前時の復習をし，課題を書き，問題を書くと黒板の残りのスペースはかなり少なくなってしまう。児童に解を書かせたり，教師が説明のためにごちゃごちゃと書いたりしたのではさらに見えにくくなってしまう。そこで実物投

影機で児童のノートを表示し，全員に紹介するようにしたところ，かなりすっきりと板書できるようになった。実物投影機には撮影機能もあるので，返却後でも保存したものを再度表示することができる。

② 板書すること

　しかし，実物投影機の活用には問題がある。本校のスクリーンは黒板の左側に固定されたものを引き出して使うようになっている。つまり板書は，右半分にしか書けない。そして，授業後半に，スクリーンを収納して空いた左半分にまとめを書かなくてはならない。結果，写真のように学習内容の流れが整理された板書とはなりにくいのである。

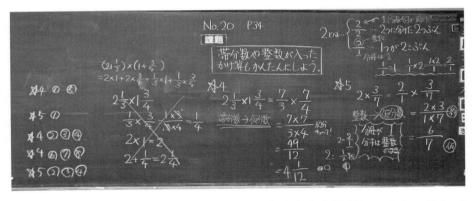

　そこで，黒板の半分で書き終わるよう，書く内容を精選してみた。そして，その際は児童のノートを意識したものにしてみようと考えた。つまり，要点や正解をすべて板書に書き留めるのではなく，児童が自らの思考の流れをノートに記録できるように，板書は気付いたことやメモなどを書くための働きかけに留めるということである。

　次の写真は逆数の学習の例である。小数の分数変換や計算途中で確認しなければならない「約分」や「通分」についてのメモを添えることを板書で促している。これにより，児童は「約分を忘れるな！」「通分は分母が同じになるぞ」など，自分へのメッセージを書くようになった。そして，「自分のためのノート」という意識が高まってきた。狭くて不便だった黒板のスペー

スが，逆に児童の主体的な学びを引き出すことにつながった。

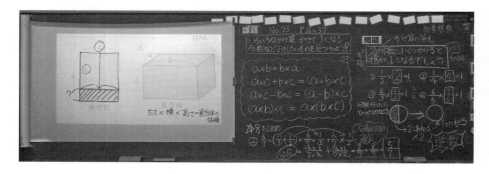

最近意識しているのは「まとめ」を書くことである。課題は書けてもまとめが書けない授業が多かった。そこで，まとめには空欄を設けて，早い段階で書いてしまう。これにより何を学べばよいのかという授業の見通しをもって臨めるようになってきた。

3　分析と課題の発見

(1) 課題づくり

課題は，行動目標になるように意識している。「〜を考えよう。」では，どのように考えたのかが見えない。「理解しよう。」でも結果は見えない。これらでは教師も課題の達成状況を把握できないが，児童自身も「できた」を実感するには曖昧すぎる。そこで，「分かったことをノートに2つ書こう。」や「〜を使って長さを求めよう。」など，すべきことを明確にした課題とするように意識している。まだまだ不十分ではあるが，「課題道場」(155ページ参照)などを通して，質を高めていきたい。

(2) やる気にさせる

本校では，自分の考えに不安をもつ児童が少なくない。そういう児童も安心して学習できるためのきっかけやフォローの必要性を実感した。できたから褒めるのではなく，できるように取り組んだ段階で褒めることができるし，自分の力で間違っていても答えを導き出したことでも褒めることはできる。

不安な児童ほど確信がもてないと表現できない。授業の各段階をとらえ,個々の頑張りを認め励ましていくきっかけをつくることが大切だと考えた。さらに,教師によるフォローもそうであるが,児童同士が認め合える関係をつくることも大切である。

(3) 板書の質を高める

　児童の学びの記録としての価値をもちつつ,ノートの充実を図るため板書を機能させていきたい。移動黒板を活用して書く場所を拡大したり,実物投影機を活用したり,児童の意識が集中できるものにしていく必要がある。児童の学びの視点を忘れずに取り組めるようにしたい。

　自分の考えを書くことや,友達の考えを聞いて気付いたことをメモしたり,ヒントやポイントを整理したりすることを積み重ねていくことで,児童が「学び」の実感をもてるようにしなければならない。そのためにも板書のあり方を工夫したい。さらに,視覚的に整理されたノートづくりを進める手立ても増やしていきたい。

第3章

述懐
6 補欠授業もしっかりと

三尾修士

石川陽一

　3，4年の授業記録を書いた私たち三尾と石川は，担任をしていない。

　普段は，少人数指導とTTを担当している。それらの授業でも，規律を重視し，ユニット法で1時間を組み立て，指導言を整理し，フォローを大事にして取り組んでいる。

　しかし，それ以上に「味噌汁・ご飯」授業のよさを実感するのが，急場しのぎの補欠授業である。

　急に担任が休んだとき，何か突発的なこと（生徒指導など）があって急遽補欠授業者になってしまうとき，「準備を10分で」行う「味噌汁・ご飯」授業の方法論が役に立つ。

　例えば，どの学級もユニット法で授業を行っているため，国語であれば，「ユニットAは漢字検定でいいな。」と考えながら教室に向かうことができる。児童が漢字検定の練習をしているときに，児童のノートを借りて前の時間のところを見て，「ユニットBは，この復習問題を出してみよう。そして，あれとこれをノートに書かせ，ユニットCはこの課題でいこう。」などと組み立てることができるのだ。授業規律やノートの取り方も全校統一されているので，迷わずに指導したり褒めたりすることができる。

　もちろん，急な補欠などないのが一番である。しかし，実際の現場では，往々にして起こりうることである。そんなときに，学校全体が統一的な動きをしていること，どの学級でも児童がそれらに慣れていることは，授業を進めるうえで，大変助かる。

　ちなみに，本書の私たちの授業報告も，そんな急場しのぎの補欠授業の一コマである。

コラム　まとめはいつ提示？

　平成25年1月，秋田の小学校を訪問する機会を戴いた。
　1年生の国語の授業を見ていたときのこと。その先生は，課題を書くと，「じゃ，今日のまとめは…」と，いきなり黒板の左端にまとめを書かれた。「え？　どうして？」と衝撃を受け，「何故だろう。」「この後どう展開していくんだろう。」とその後の授業を食い入るように見させて戴いた。見事に課題とまとめが正対して授業は完結した。そのやり方に納得した。
　学習の着地点が明らかになるため，児童が，まとめに向けて見通しをもちながら学習できるのだ。
　さっそく，学校に戻ってクラスで試してみた。最初は，児童から「え？　もうまとめ？」「今日の授業これだけ？」という声が聞こえた。しかし，2回目からは，児童は，課題を確認したら，すぐ「じゃあ，今日のまとめは○○にしたらいいんじゃない？」と言い始めた。
　さらに，どのように課題を解決していくのか考える場面で，「○○していくと解決できそう！」と課題解決の仕方まで意見が出てくるようになった。
　算数でも試してみると，まとめの重要語句がスムーズに出てくるようになった。この方法を試みてから，ねらいに対してまとめがぶれることがなくなった。また，課題とまとめに対して児童の意識が高くなる方法だと言える。
　いろいろな地域の先生方の授業を見てそれを追試することによって自分の指導技術のレパートリーが増える。これからも研鑽していきたいと思う。

課題の次にまとめの一部を示した板書
（この後，まん中に調べたことを書いていく。）

（加藤優子）

コラム　家庭学習交流

　週に１回，家庭学習交流日を設けている。５分間でお互いのノートを見合い，コメントを書くというものである。

　最初の４分間，児童は自由に立ち歩いて全員のノートを見る。

　その後，１分間で誰かのノートにコメントを書けたら，その児童のノートを教師に提出するのである。教師も，そのノートに簡単にコメントする。

　最初の頃は，何を書いていいのか分からない児童もいた。しかし，自分に書いてもらったコメントを参考にし，だんだんよさを見つけて書けるようになってきた。また，よさだけでなく，アドバイスを書いているものもあり，なるほどなと思うものも出てきている。

　友達が見てくれるということを意識したため，またいろいろな工夫を知ることができるため，家庭学習の内容やまとめ方もレベルアップしてきた。家庭学習を定着化させるための一つの手立てとしてとても有効な方法だと思う。

　一方で，交流日以外は適当でいいと思う児童や，その日以外はやってこないという児童もいる。そういった児童に対して，どのように意欲付けをしていくのかが，今後の課題と感じている。

（林由佳）

第4章
「味噌汁・ご飯」授業を支える日々の取り組み

第4章では,「味噌汁・ご飯」授業を支える本校独自の取り組みを紹介した。

校内研修の一コマ。本校の研修は,ほとんどが少人数のグループでのワークショップ型研修で行う。

第4章

1 学校改革の鍵となる校内研修

1 研修の方針

　本校ではこれまでも授業改善をはじめとする様々な努力が積み重ねられてきた。しかし，その努力は十分な成果に結びついてきたとは言えなかった。
　なぜか。主に2つの理由による。
　1つは，学級ごとに様々な「やり方」「約束」があり，年度が変わるたびに各種の指導を一からやり直さなければならなかったからである。
　もう1つは，研究担当者が難しい話をし，参加者が受け身のままで進んでしまう一方的な研究に陥りがちだったからである。また，その研究のために公開される授業は，野中先生の言われる「ごちそう授業」になりがちだったからである。
　本校では，校長が学校経営方針で「日常授業の充実」を打ち出し，研究部が廃止されて研修部となった。その意図は，上記の「成果に結びつかない研究」の改善である。研修部会に足を運んだ校長は，よく「研修は学校改革の鍵だ。」と言った。そこで，研修部では，学校を改革するような研修の実現を目指して，以下の方針で推進にあたることとした。

（1）小刻みな研修を連続的に実施

　年間計画の中で研修会の回数を大幅に増やした。当初は「研修は負担だ。」という声もあったが，「研修こそ我々教師の生命線」と説得した。そして，15分間の短いものから，授業研究や外部からアドバイザーを招いての1時間を超えるもの，そして初任者層を対象として先輩教師たちが指導するメンターチーム研修など，年間で約40回程度の研修を連続的に実施した。

（2）日常授業をこそ大事にする。

　多大な時間をかけて練り上げた研究授業（「ごちそう授業」）を否定はしないが，それより，児童の実態の共有や展望づくり，そして具体的で小さな改善など，明日からの日常授業の改善を目指した。

（3）研修の出口＝統一した取り組み

研修を終えて，「ああ，いい話を聞いた。」で終わってはもったいない。「みんなで知恵を出し合い，みんなでやる」ことが大事である。例えば，学習規律やノートの書き方など，学校として統一した動きまでもっていかなくてはならない。単に参考になる知識を得る研修ではなく，ＰＤＣＡサイクルの，Ｃ（評価）と次のＡ（改善）までをカバーする研修を目指す。

ワークショップで意思の統一を図る

（4）ワークショップ型の展開とする。

研修部がいくら頑張っても，実践する教師一人一人が自分事として受け止め，やる気にならなければ意味がない。声の大きな人だけが活躍し，多くは受け身ということにならないようにするには，研修のスタイルを原則としてワークショップ型とし，全員が発信し，受容し合う場をつくることが効果的である。

全校研修ワークショップ（例）
・学習規律，立腰，鉛筆の持ち方
・ノート指導，懇談資料
・漢字検定（進め方，年間計画）
・学年経営戦略マップ
・板書・音読指導
・学力テスト自己採点交流
・授業ワークショップ（事後研）
・「Q-Uテスト」，「ほっと」の分析・活用
・研究会ワークショップイメージ 　（みんながファシリテーターだ！）

（5）オープンな雰囲気で，失敗を大事に

道教委，市教委の訪問や，視察者などを受け入れての研修会の際は，研究仮説などは省き，「児童に学力をつける授業とは」の一点に絞って，参会し

た指導主事や他校の教師にも，公開授業をより改善するにはどうしたらいいのか，各自の工夫を提案して戴くワークショップ型の協議をもつことを原則とした。

このような方針の取り組みの中で，全員の意識がゆるやかに変化し，向上してきたように感じている。本書で報告している「ユニット法」や「基礎学力保障」「学習規律の確立」などは，こうした研修の中で共通化し，積み上げてきたものである。以下，他のページと重ならない取り組みについて紹介する。

2　研修例

(1) 日常授業のスキルアップ研修

例1：ワールドカフェ「ユニット授業のイメージづくり」研修
  ・第1ラウンド「導入場面『教科頭づくり』の持ち方」
  ・第2ラウンド「『音読』のねらいと指導方法あれこれ」
  ・第3ラウンド「ユニット授業のあり方」
  ・全体交流
※授業づくりについての確認をするだけでなく，現時点での各人の悩みや工夫が直接具体的に見えるようにした。

例2：ロールプレイで「アレルギー対応」疑似体験
  ・「エピペン使用を含むアレルギー症状への手立て」の基礎学習。
  ・ストーリー設定に伴うアレルギー症状と対応の仕方をロールプレイで体験・観察。
  ・シェアリングで気付いたこと，重要な点を共有。
※当事者や観察者となり，言葉かけと行動の是非などについての意見交流を行った。

例3：ブレインライティングで「困り感対策」アイディア創出
　・題（テーマ）を「わたしの困り感」に設定。
　・題について各自が手立てや考え方，失敗談や助言などを記入。
　・全体で共有することでさらに指導の手立てを深める。
※特定児童の実態交流も含めた生徒指導の手立てや学級経営の方針を学ぶ機会とした。参加者から発せられる生の言葉から実践のヒントを見つけることができた。

　このように，柔軟に参加者全員の考えと工夫が生かせるような研修を目指した。

(2)「学年経営案」づくり

　これまで「学年・学級経営案」は学年部会の「打ち合わせ」の形で検討されてきた。それを研修の時間で行うことにした。まずＫＪ法により学年の児童の実態を洗い出し，保護者や地域の願いも含めた現状を学年内で共有・確認。続いて，学年経営に関する「戦略マップ」を作成した。「戦略マップ」は，ホワイトボード上に時期や児童の姿などを軸にして，何度も消しながら具体的な積み上げが見えるものとして作成し，これをそのまま「学年経営案」として教育計画に掲載した。

学年経営戦略マップづくり

　以下は６年生の例である。

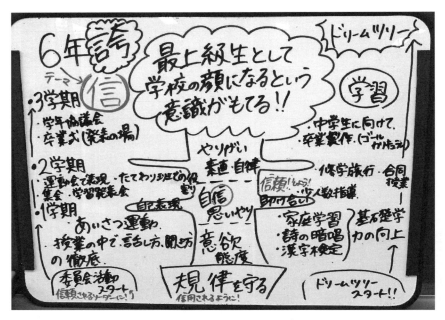

6年生の学年経営戦略マップ

(3) Q-Uテストの分析・活用

　全校で「Q-Uテスト」を実施している。実施後は，学級の状況の分析例や具体的な生かし方を研修部が示した。当初は，「担任が学級経営を評価されるのではないか。」という不安の声があったり，検査をやりっぱなしにすることが危惧されたりもしたが，この研修により，児童一人一人に目を向けられるように，1学期のデータをどのように2学期の学級経営に生かすのかという活用方法について前向きな話し合いができるようになり，改めて検査の有用性を確認することができた。

(4) メンターチーム研修

　毎年初任者が配属される本校では，初任者研修をどうするかが課題である。その一つの取り組みとして，初任層の教師4名を中心とし，先輩教師数名が彼らを取り囲むチームを構成してのメンターチーム研修に取り組んでいる。

隔週金曜日の15分間を，共通テーマ及び各初任者のニーズに合わせた研修を行うものである。短い時間ではあるが，活気にあふれる真剣で皆が学び合うよい場となっている。実施した主な研修内容を以下に挙げておく。

メンター研修（チーム別例）	
・清掃指導，給食指導	・集団遊び
・学級組織づくり	・リレー指導
・ラジオ体操	・通知表（所見）の書き方
・保健室利用ＡＢＣ	・板書をきれいにしよう
・絵を描くときの受け止め方	・体幹トレーニング
・立ち歩き児童への対応	・歌唱指導

(5) 日常授業のスキルアップ研修

　本校では，授業力の向上のために，全員が年に一度は授業を公開することにしている。（初任層教師は，年に３回授業公開を行う。）その一つとして「ユニット法」のモデル授業（18，19ページ参照）を参観し，協議を深めた。毎回の授業に関する協議は，15分程度のＫＪ法やＹチャートを用いたワークショップを行い，効率的に進めている。

　板書やノート，課題の設定，課題とまとめの対応，発問，立腰，音読のさせ方，テンポ，机間巡視など日常授業の基本的なスキルについて，私たちが学べる場は実はあまり多くはない。若手が多い本校では，これらにも光を当てて取り組む必要がある。校内には，得意教科や分野をもった人材がいる。その技術や知識を分け合う場があることは，同僚性を高めるうえでも効果的であり，学校改革に直結する。そこで，授業公開の後の交流では，こうしたことについても積極的に質問したり感想を言い合ったりする中で話題にするようにしている。

　この動きは，平成26年度には市内４校から数名ずつの「その道のプロ」を集め，４校の教師が一堂に会して行った「北広島市学校力向上事業関連校・研修フェスティバル」へと発展していった。

(6) 検定の充実を図るための研修

検定（122ページ参照）の充実を図るための研修を実施した。

① 1回目：検定の進め方

漢字検定を具体的にどのように進めるか、どんな配慮事項があるか、また、漢字検定問題集の作成の仕方等について、写真のようにワークショップ形式について研修した。

検定の意義や進め方をレクチャー

② 2回目：検定種目交流

漢字検定以外の検定種目を交流したり、アレンジ次第で検定として活用できそうなものを紹介し合ったりした。

③ 3回目：取り組み方交流

それぞれの学年での取り組み方について、「方法」「成果」「課題」を付箋に書き出し、KJ法で交流した。より効果的に行う方法を摸索し合い、翌日からの検定につなげることができた。

漢字検定の具体的な進め方をワークショップで研修

④ 4回目：検定年間計画の交流

それぞれの学年で取り組んでいる検定や、今後取り組む予定の検定について交流を行い、次ページのような一覧で共有化を図った。

「ぜったい検定・やりたい検定」年間計画　　　4年

	ぜったい検定			やりたい検定	
	漢字	計算	漢字ビンゴ	カントリーサイン	
4月					
5月					
6月					
7月	毎週月～木				
8月	5問クリアで次の漢字プリントへ	たし算 ひき算 かけ算 わり算 30問ずつ	漢字ビンゴ 漢字書き取りの宿題の後にビンゴを行う	道内市町村のカントリーサインを覚える	
9月					
10月					
11月					
12月					
1月					
2月					
3月					
目標	読み95% 書き90%	たし算100% ひき算100% かけ算100% わり算100%			

検定年間計画

(7) 外部に開く授業研究会の開催

　平成26年度北広島市教育研究会研究中心校発表会を開催した。これは，市内の全小学校教師を対象に，全学級授業公開をし，その後右のような7つの分科会を設定したものである。分科会は，本校職員がファシリテーターとしてワークショップ形式で行った。これも，日常的に積み重ねたスキルアップ研修の成果であると言えるだろう。

①音読・漢字指導
②学習規律・立腰
③全員参加型の授業
④学習ツール
⑤発問・指示・説明
⑥板書・ノート指導
⑦ユニット法

　また，学校力向上事業では，道内外から年に数名のアドバイザーを招いて学ぶ機会に恵まれていた。アドバイザーが来校された際は，必ず近隣の学校に案内を出し，共に研修する場をもつようにした。
　このような取り組みが，学校改革の鍵になっていればうれしい。

第4章

2 確かな学力を保障する「2つの検定」

1 確かな学力保障のために

　確かな学力をつけることは，児童の人生を豊かなものにすることにつながる。しかし，授業だけで一人一人の児童に確かな学力を保障することは難しい。そこで，本校では，日常授業を充実させるとともに，一人一人の力を把握し，それぞれの実態に合わせて指導することができる検定を採り入れている。

　本校の検定は2種類。全員が合格するまで絶対に取り組む「ぜったい検定」と，児童が自由に選択して取り組む「やりたい検定」である。この2つの検定に，各学年で内容や方法を開発し，工夫を凝らしながら進めている。

2 「ぜったい検定・漢字」の取り組み

　「ぜったい検定」は，習得しておくべき基礎的な内容を全員に保障するものである。本校では，基礎的な学力が身についていない児童が多かった。中でも，特に漢字を苦手とする児童が多く，教科書などを読むことに抵抗があり，学習面全般に伸び悩む傾向にあった。そこで，まず漢字を「ぜったい検定」として実施し，全員に漢字の力を保障することにした。

　その内容と進め方は，以下のようである。

(1) 漢字検定問題の作成

　研修をもとに各学年の担任が「検定問題集」を作成した。その学年で習う漢字にプラスして，その前学年までの漢字を短文に入れ込んで網羅した問題集である。1つの漢字が読み方を変えて繰り返し出題されるので，定着しやすくなる。

　テストは，各回5問ずつとした。児童の実態から，それ以上では負荷が大きいと考えたからである。全員が自信をもって次の学年（6年生は中学校）に進めるようにと考えた。

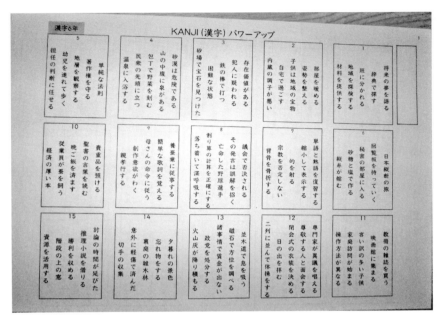

本校独自の漢字検定問題

(2) 読み検定

書きの検定を行う前に未習漢字も含めて「読み検定」を年度初め（4〜5月初旬）に実施する。（読み先習である。）隙間時間や休み時間，給食準備中，放課後等に行う。

やり方は，1回5問ずつ，漢字を見て正しく読めるかを教師が聞いて判定する。担任はもちろん，担外や校長，教頭，事務，支援員など誰に検定してもらってもよいこととする。合格したらサインをもらう。（30ページ参照）

休み時間に職員室で読み検定を行う子供たち
（ホームページより）

(3) 書き検定

主に国語の時間のユニットAで行う。時間は5～7分。

家庭学習で練習に取り組むことを原則とするが，家庭で学習できない児童，短期記憶の力を鍛えることが課題の児童が多い実態から，授業の開始とともにまず短時間練習をするようにしている。その後，3～5分間で書き検定に挑戦する。

漢字の書き検定風景
（私語せず，集中して取り組む。）

(4) 漢字検定の成果

漢字検定に取り組んだ結果，漢字や音読の力に伸びが見られた。全国学力テストの国語A「言語についての知識・理解・技能」の項目では無答がほぼなくなるとともに正答率も向上した。数値も全国との差が縮まり，北海道の平均を上回る結果になった。また，ＮＲＴやＣＲＴの検査結果でも全体的に伸びが見られた。

遅れがちな児童も粘り強く取り組むようになった。また，家庭学習で取り組む児童も増え，漢字に対する興味関心が高まりつつある。

3　「ぜったい検定・算数」の取り組み

本校では，漢字検定に続き，計算の基礎的な力をつけるために算数の計算検定の取り組みも行っている。

検定は，毎週水曜日の朝に行われている10分間のチャレンジタイムの中で行うことを基本としているが，本校で実践しているユニットAの算数の頭づくりの場面などでも学年の実態に応じて取り組みを進めている。

(1) 検定用紙

検定用紙は，千歳市立北栄小学校で勤務されていた折内大輔教諭が中心となり，同校で作成したものをそのまま活用させて戴いている。

検定の内容はたし算・ひき算・かけ算・わり算・いろいろ＆分数と5つの

部門で構成されている。1枚あたり10問。10分間の中で1，2枚やるのにちょうどよい量である。それぞれの部門は7級から始まり，達人・名人・キングまで10段階に分かれている。

(2) 検定

採点は，基本的に担任が行う。10問中9問以上正解で合格となり，次のレベルに挑戦することができる。

児童に検定カードを配付し，合格したら判を押して各自で到達度を確認できるようにしてあるが，担任も進行状況を把握し，年度内に学年のレベルまで達成できるように取り組みを進めている。

(3) その他の取り組み

校内一律で取り組んでいる計算検定の他にも，かけ算九九検定やチャレンジわり算（5年生：3分で50問　6年生：2分で50問）などユニットAで学年独自に取り組んでいるものもある。チャレンジわり算は回を重ねるごとにぐんぐん力が伸びているのが児童も感じられ，成果が上がっている。

計算検定の進め方

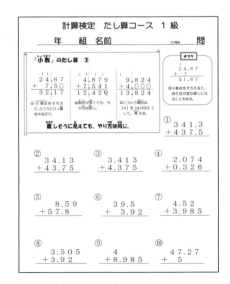

計算検定　たし算コース1級

4 「やりたい検定」の取り組み

「やりたい検定」は,「ぜったい検定」や他の課題,テストなどを早く終えた児童に訪れる「空白の時間」を有効活用するためのものである。「空白の時間」は,学級を荒らす元凶である。この時間を学力向上のために有効に活用できたなら,学力が高まり,個性を伸ばすことができるばかりでなく,学級全体も落ち着いたものになっていく。家庭学習や自習時間,天気の悪い日の休み時間など,自由に挑戦する環境があることは,その児童のその後の学習や生活を豊かにすることに直結する。いいことづくめである。「やりたい検定」には以下のように取り組んだ。

(1) 研修

初年度(平成24年度)は,検定として使えそうなものを持ち寄ったり研修部で集めたものを,ワークショップ形式で交流した。市販されている教材を分析すると,「やりたい検定」の教材として活用できそうなものがたくさん見つかった。ちなみに,研修部が用意したのは以下であった。

> 《用意したもの》＊アレンジすると「やりたい検定」として使えそうなもの
> ○高学年暗唱詩文集(宮沢賢治,石川啄木など有名な歌人の詩を集めたもの。)
> ○１週間漢字歌(１年生で習う漢字が１週間の歌の中にすべて含まれている。)
> ○物を数える言葉(生きもの・食べるもの・文房具などの数え方。)
> ○ことわざ(人と人生編・社会と生活編などいくつかのカテゴリーがある。類似・反対のことわざ検定も可能。)
> ○日本の上位５(川・湖・面積・人口・生産高など日本の上位５を検定できる。)
> ○部首(部首名をカルタで覚え,フラッシュで検定。)
> ○日本地図検定(都道府県名と都道府県庁所在地。)
> ○地図記号名(地図記号をカルタで覚え,フラッシュで検定。)
> ○リコーダー検定曲集(教科書で扱う教材の他に児童が興味をもちそうな曲や簡単なアンサンブルなど。)
> ○12か月の異名(睦月・如月・弥生…。)
> ○十二支(子・丑・寅・卯・辰・巳・午・未・申・酉・戌・亥。)

（2）各学年で，実態に応じて独自に開発

各学年が開発したものは，以下のとおり。

1年生：鍵盤ハーモニカ検定曲集
　　　　なわとび（1分間測定）
2年生：鍵盤ハーモニカ検定曲集
3年生：ローマ字読み，ローマ字書き
4年生：道内市町村のカントリーサインカード
5年生：日本地図検定
　　　　詩・古典などの暗唱
　　　　リコーダー検定曲集
6年生：歴史ミニテスト

やりたい検定　社会

資料　各教科における検定メニュー例

年	検定の種類	国語	算数	音楽	体育
1年	ぜったい	・片仮名 ・漢字	・指を使わずたし算・ひき算	・鍵盤ハーモニカ8曲	・前回し跳び
	やりたい	・平仮名（促音・長音・拗音の聴写） ・400字程度の文章の暗唱		・鍵盤ハーモニカ4曲	・後ろ回し跳び，あや跳び ・鉄棒こうもり
2年	ぜったい	・漢字	・かけ算九九 ・定規で指定された線を引く	・階名読み	・腕立て開脚跳び3段 ・水に顔をつける
	やりたい			・鍵盤ハーモニカ8曲	・交差跳び ・逆上がり

年	検定の種類	国語	算数	社会	理科	音楽	体育
3年	ぜったい	・漢字	・百マス4分以内 ・わり算余りなし50問7分				・クロール10m
3年	やりたい	・ことわざカルタ			・昆虫胴体図に脚を記入	・リコーダー	
4年	ぜったい	・漢字 ・ローマ字 ・指定語句を国語辞典で40秒以内に引く	・コンパスで円 ・わり算余りあり50問7分	・北海道白地図に支庁名 ・主な島，湖，海の名称記入			・クロール25m
4年	やりたい	・パソコンでローマ字入力		・白地図に都道府県名 ・カントリーサイン	・星座と主な星名	・リコーダー	
5年	ぜったい	・漢字 ・音読1分間100文字	・わり算50問4分		・理科実験器具の名称		・平泳ぎ10m
5年	やりたい	・平家物語冒頭暗唱 ・慣用句		・日本地図検定 ・主な国名	・主な骨の名前	・リコーダー二重奏	
6年	ぜったい	・漢字	・分数・小数の混じった問題	・主要歴史事項50			・平泳ぎ25m
6年	やりたい	・伊勢物語，枕草子，日本国憲法前文暗唱 ・熟字訓30問		・歴史ミニテスト		・リコーダー三重奏	

第4章

3 教えて考えさせる授業

　学校力向上事業のアドバイザーのお一人に，東京大学の市川伸一先生がおられる。市川先生は，「教えて考えさせる授業」の提唱者であり，北海道でもたびたび授業公開や講演をされている。

　「教えて考えさせる授業」は，習得の授業の設計原理を「教師の説明」「理解確認」「理解深化」「自己評価」という４段階ですすめることを提案したものであり，非常に分かりやすい。本校でも「教えて考えさせる授業」の導入を検討したが，基礎的な学力が十分ではなく，発展的な問題を行う「理解深化」に太刀打ちできる児童は少数であろうと思われたこと，また前提となる「予習」に取り組めない児童も少なくないであろうことから，全校的な取り組みには至っていない。しかし，算数を中心に少しずつ取り組んでいる。

　「教えて考えさせる授業」は，ユニット法として展開してもまったく違和感がない。その一例として３年生・算数の授業を紹介する。（19ページ参照）ただし，児童の実態から「理解深化」は，易しい間違い探しとし，全員参加を目指した。（実践者：３年生担任　伊藤由美子）

1　予習

　児童が見通しをもち，より意欲的に授業に取り組めるよう，次のように「教えて考えさせる授業」の《予習》を導入した。

　家庭学習で予習をしていた数名のノートを紹介し，みんなも予習にチャレンジしよう，と予告。そして，参観日の授業の最後の３分に，保護者の前で全員に付箋十枚程度を渡し，教科書の最後のページに貼り付けさせ，「予習は，次の授業のページを見て，分からないところにこの付箋をぺたりと貼ってくるだけでいいですよ。」とした。これなら，１～２分で可能である。

2　ユニットA（算数の頭づくり）

　九九フラッシュカードやマス計算をテンポよく行い，脳を《学ぶモード》

にする。（約3分）

3　ユニットB（課題づくり）

　予習してきたことを「だいたい理解できた」、「予習したがよく分からなかった」、「予習していない」の3段階で挙手させ確認する。新しく出てきたことは何かを考えさせる。児童の意見を元に、教師が本時の課題としてまとめて板書・ノートする。（約7分）

4　ユニットC（教師の説明・理解確認・理解深化・自己評価）

　ほとんどの児童が予習しているので、予習で分からなかったところを教師が説明する。貼ってきた付箋は、理解した時点で外す。隣同士で説明し合う協同的な学習も取り入れ、分かっている児童はさらに理解を確実に、分からない児童もここで理解することができるようにする（理解確認）。また、習熟問題は常に、ここまでは全員、ここからは「おまけ」（理解深化問題）として2段階で提示する。こうすることで、早くできた児童に隙間時間をつくらせずにすむ。また、「おまけまでクリアする！」とゲーム感覚でやる気になる児童も多い。ストップウォッチを使い、タイムリミットを示し、テンポよく行う。最後に簡単な三種類の顔マーク（にこにこ・普通・うーん）で自己評価。余裕のある児童には吹き出しに感想を書かせる。（約35分）

　この方法を取り入れてから、集中度が高まった。習熟の時間が確保され、しっかり学習内容を習得させられ、テストの平均点も上がった。ただし、予習に関しては、まだ全員とはいかないのが現実である。継続して取り組んでいる。なかなかやってこない児童がやってきたときには「えらかったね！きっといつもより今日の授業はよく分かるよ。」などとみんなの前でうんと褒める。また、毎回予習に取り組んだ児童がテストでいつも以上の点数だったら、「やっぱり一生懸命予習したからだね！」とうんと褒める。このような日々の積み重ねがとても大切だ。

第4章

4 「学年年間教育計画」「スタートカリキュラム」の作成と活用

1 計画的な実践を

　本校では、教育課程の見直しも大きな課題だった。それまで行事に多大な時間を使っており、しばしば教科の進度が遅れるという実態があった。また、教科横断的な展開への認識も不十分であり、短期間に複数の教科で類似の活動を繰り返してしまったりすることも多く、後で「実施時期を少しずらせば、まとめて授業できたのに」ということも多かった。

　そこで、1年を見通し、計画的に実践するため、各学年で「年間教育計画」の作成に着手した。134〜137ページのような一覧を作り、各教科、領域間、行事などで関連させて実施することが効果的に思われるものを結ぶ。そして、結ばれた線上にキャリア教育における「基礎的・汎用的能力」を配する。(人→人間関係形成・社会形成能力、自→自己理解・自己管理能力、課→課題対応能力、キ→キャリアプランニング能力)これにより、ねらいのはっきりした総合的な取り組みが可能になる。

　「総合的な学習の時間」または「生活科」を中央部に置くのは、これらの時間は、「各教科」「道徳」等との関連を図りつつ学習活動を行う必要があるからだ。

> (1) 全体計画及び年間指導計画の作成に当たっては、学校における全教育活動との関連の下に、目標及び内容、育てようとする資質や能力及び態度、学習活動、指導方法や指導体制、学習の評価の計画などを示すこと。
>
> (6) 各教科、道徳、外国語活動及び特別活動で身に付けた知識や技能等を相互に関連付け、学習や生活において生かし、それらが総合的に働くようにすること。
>
> (学習指導要領第5章「総合的な学習の時間」第3「指導計画の作成と内容の取扱い」に於ける指導計画の作成に当たっての配慮事項より。)

また，平成24年の学習到達度調査（PISA）において，「問題解決能力調査」の結果が公表された際，日本の好成績の結果について，OECDの教育局長であるアンドレアス・シュライヒャー氏は，「日本の学力の回復は，総合的な学習の時間の貢献が大きい。総合的な学習の時間のため，教師も子供も，同僚や級友と協力し，関連分野も視野に入れて取り組んでおり，小学校ではかなりうまくいっている。」と述べている。さらに，平成25年度の全国学力・学習状況調査結果では「総合的な学習の時間をきちんと取り組んでいる学校ほど平均正答率が高く，子供たちは各家庭でもよく勉強する」ということが示された。

　このようなことから，各教科等の学習を通して身につけた知識・技能等を，学習や生活に生かし，児童の中で総合的に働くことをねらいとし，本校でも「総合的な学習の時間」「生活科」を「学年年間教育計画」の中心に据えているのである。

2　「年間教育計画」の活用，各学年の実践例

　以下，活用例を，一部紹介する。
(1)　5月末に行われる運動会に向けて体育の走・跳の運動や表現・リズム遊びなどの時期をずらし，運動会前に配置する。特別活動で運動会を核にした学級づくりを行ったり，国語の作文の題材を運動会の練習にしたりするなどもできる。
(2)　校外学習に向けて，社会科で地域のことを学ぶのに合わせて，総合的な学習で課題設定の方法や情報の収集の仕方を学んだり，国語で記録や報告の文章の書き方を学んだりするなど，総合的な学びを展開する。
(3)　2年生活科「モルモットと友達」では，2学期から各学級でモルモットの飼育に取り組む。その際は，生活科としては「ウェビング法で世話の仕方を考え，質問をまとめる。」「世話について振り返りカードに記入する。」「モルモットの動きや一日の生活など劇化し，学年発表会で交流する。」などに取り組み，同時期に国語科「生き物のことをせつめいしよう」

で，モルモットの様子を観察し，カードに絵や文を書き，そのカードをもとに文の段落や組み立てを考え，作文を完成させる。また，算数科「長さ（1）」で学習するcmやmmの単位を活用し，モルモットの体長の変化を調べ，図画工作科「どうぶつさんのおうち」では，モルモットのからだの様子を観察し，油ねん土でモルモットを作るなどに取り組む。

(4) 6年総合的な学習の時間「職業体験に挑戦」は，職業体験をとおして「働く」意味を考えるキャリア教育を行うものである。この取り組みを展開するにあたっては，まず「課題づくり」として6月の修学旅行で体験する職業を選択することから始める。その際は，学習計画を立てるため，「情報収集」の方法を丁寧に指導し，白老町役場と手紙や電話などで連絡を取らせるようにする。こうして十分に準備をし，実際に体験する。アイヌ文化伝承者・野菜農家・ネイチャーガイド・旅館等での体験学習についても準備を進め，体験活動を行う。帰校してからは，国語「意見文を書こう」で経験したことをまとめ，図や表，資料を利用しながら「働く」ことの意義を伝える意見文を書く。また，書写の時間に，気持ちを効果的に伝えるための書き方や用紙の使い方を考え，お世話になった方へのお礼状を書く。さらに，卒業記念文集や卒業式の中で一人一人が発表する「将来の夢」メッセージ発表へとつなげる。

このように，各教科・領域を結び，児童にとって主体的な学び，そして指導する教師にとっては効率的な展開を目指している。次ページから，1年生と6年生の年間教育計画（平成26年度版）を掲載するので御覧戴きたい。

なお，最新版は，本校のホームページで全学年分見ることができる。

第1学年　年間教育計画

平成26年度　北広島市立大曲小学校

月	4月	5月	6月	7月	8月	9月
節	1(基礎)		2(基本)			
主な	始業式、入学式(6) 参観・PTA総会(12) 各種健診(8〜) 学力テスト(7・8) 家庭訪問(18〜) 1年生を迎える会(25)	参観(7,8,9) 避難訓練(8) 交通安全教室(13) 遠足(16) 集団下校(21) 運動会(31)	ジャンプ(4〜) 防犯教室(10) 市内特別支援学級宿泊(11) 5年宿泊学習(26) 開校記念日(28)	参観(1,2,4) 全校集会(18) 終業式(25) 夏休み学習室(28,29,30)	始業式(20) 全校平和集会(21) 夏休み作品展(21〜) 避難訓練(22) 地域公開・友愛セール(30) 校外学習(26)	3年校外学習(4) 4年校外学習(5) 6年修学旅行(10) 6年救命講習(19) 2年校外学習(25)
道徳	自然を大切に 学校がすき	ごめんなさい 物を大切に いろんな命	人には親切に かんしゃの気持ちを伝えよう 気持ちのよいあいさつ	家のにおい かわいそうな象	けんこうに気をつけて わたしのすむ町	正直な心 よいことは すすんで さいごまでがんばろう 耳をすませて
特別活動	今日から1年生 学級開き 食育〜給食の約束 1年生を迎える会に向けて 遠足に向けて	かしのみ学級の人とお友達になろう がんばろう運動会	がんばった運動会 当番の仕方 英語学習	夏休みの計画を立てよう 1学期の反省 楽しい夏休みにするために	規則正しい生活 夏休み作品発表	体験学習をふりかえって 食育〜何でも食べよう 命の学習
国語	スタートカリキュラム 8	スタートカリキュラム あいうえお おはなしききたいな、よみたいな しりとり みつけてみましょう はなしましょう、ききましょう かき、がき たのしくよみましょう1 ごじゅうおん えとことばでかきましょう	えとことばでかきましょう けむりのきしゃ ねこ、ねっこ のばすおん たのしくよみましょう2 ぶんをつくりましょう なにが、かくれているのでしょう しゃ、しゅ、しょ しらせたいことをかきましょう	しらせたいことをかきましょう は、を、へ おはなしのくに おおきなかぶ ほんをよみましょう えにっき	なつやすみにがんばりたいこと かたかなのことばをあつめましょう けんかした山	けんかした山 かたかなのようにかいてきたのですが だれが、たべたのでしょう かぞえましょう
作文						たのしかったことをかきましょう
書写	スタートカリキュラム	スタートカリキュラム	じをかきはじめるところ せんのとちゅうのかきかた	にているひらがな ますめのなかのかくところ	じのかたち ひらがなのひょう	かたかなのがくしゅう
社会						
総合的な学習/生活	がっこうにいこ がっこうでたのしたいな なかよくなりたいな みんなでがっこうであそこう がっこうをたんけんしよう がっこうのひととなかよくなろう たねをまこう	たねをまこう まいにちせわをしよう こうていにたんけんしよう みんなでつうがくろをあるこう	まいにちせわをしよう みんなのこうえんであそぼう くさではやむしをさがそう つちやすなであそぼう	はなをさかせよう みずであそぼう むしをさがそう コンピューター学習	はなをさかせよう むしとなかよくなろう	むしとなかよくなろう たねとりをしよう あきをさがそう こうえんであきをさがそう コンピューター学習
音楽	・さんぽ ・どんなうたがあるのかな ・かもつれっしゃ ・サンダーバードほか ・かたつむり ・ひらいたひらいた	・おんがくランド ・こぶたぬきつねこ ・おんがくのおくりもの ・校歌／君が代 ・にっぽんのうたみんなのうた	・わくわくリズム ・たんとうんであそぼう ・ぶんぶんぶん ・しろくまのジェンカ ・ポンポンポップコーン ・にっぽんのうたみんなのうた ・うみ	・たなばたさま ・どれみとなかよし ・どれみのキャンディー	・どれみとなかよし ・ひのまる ・こんにちはけんばんハーモニカ ・まほうのど	・あのね ・どんぐりぐりぐり ・まねっこうた ・おんがくランド ・おおきなかぶ
図工	かんじたことを おひさま にこにこ(絵)	おひさま にこにこ(絵) すきなものなあに(絵) みんなで かざろう(工作) うんどうかいの絵(絵)	うんどうかいの絵(絵) すなや つちと なかよし(造形) ねんどで つみき(立体) どんな かたちの かみにも(絵)	おって たてて ゆめのまち(工作) ともだちとさくひんをみあおう(鑑賞) クッキーやさんになろう(立体) ならべてくてつんで(造形)	どうぶつさんだいすき(立体) 水あそび	かんじたこととおもったこと(絵) かげをうつして(鑑賞)
体育	体つくり運動	体つくり運動 走・跳の運動遊び 表現・リズム遊び	表現・リズム遊び ゲーム 体つくり運動	器械・器具を使っての運動遊び 水遊び	水遊び	水遊び 体つくり運動 走・跳の運動遊び
算数	なかよし	いくつかな ことばのひろば なんばんめ	いくつといくつ さんすうむかしばなし ぜんぶでいくつ	ぜんぶでいくつ たしかめのもんだい 10をつくろう のこりはいくつ たしかめのもんだい 学習の深化・補充	学習の深化・補充 どれだけおおい もんだいづくり ずとしきであらわそう	10より大きいかず とけい かたちあそび
理科						
外国語						
家庭科						

134

校　第1学年　年間教育計画

	10月	11月	12月	1月	2月	3月	
	3 (充実)			4 (発展)			
	全校絵画展(2〜) 学芸発表会(22,25) 4年音楽の集い(29)	研究発表会(12) 健全育成交流会(19) 思いやり集会(20) 参観(25,26,27) 読書月間	租税教室(16) 期末清掃(24) 終業式(25)	始業式(20) 冬休み作品展(21〜) スキー学習(2/6)	新1年体験学習(12) 参観(16,17,20,24) 児童会選挙(19)	6年生を送る会(3) 卒業式(19) 修了式・離任式(25)	
	1 楽しい学級 1 ごまかさないで 1 小さな命 1 本当の勇気	1 金魚は土の中 1 わがままさないで 1 かんしゃのこころ 1 お父さんよくなって	1 優しい気持ちで 1 お手伝いをしよう 1 自然の美しさ 1 お父さんよくなって	1 みんなのやくそく 1 友達と仲良くしたいな	1 思いやりの心 1 美しい星	1 かわいいあかちゃん 1 きまりを守って	1 1 1 1
	1 学芸発表会について 英語学習	2 学芸発表会について たくさん本を読もう	冬休みの計画を立てよう 2学期の反省 楽しい冬休みにするために	規則正しい生活 1 冬休み作品発表	1 命の学習 1 卒業生を送る会に向けて	1年間の反省と2年生に向けて	2
	4 かぞえましょう 1 ひろがることば 6 いろんなおとのあめ 4 やまでじゃんけん メモをつかってしょうかいしよう はたらくじどう車 かんじのひろば1	1 りすのわすれもの おはなしのつづきをかこう おもしろいことば、いろいろな文字 1 かたかな おはなしどうにつえんでガイドになろう 9 てのぼったおけやさん 6 天にのぼったおけやさん	2 天にのぼったおけやさん 11 かん字のひろば2 うみへのながいたび 3 かん字のひろば3 3 かん字のひろば4 3 みぶりでつたえる	2 みぶりでつたえる 2 だいじなことをれんらくしよう 1	8 だいじなことをれんらくしよう 1	11 文をつくろう お手がみ こくごのがくしゅうこれまでこれから	3 14 1
	12 のりもののことをしらせよう	11	みぢかいことばでかこう	10	かきたいことを一つえらんで	17 かきたいことを一つえらんで	1
	3 かくのおわりのかきかた かくのとちゅうのかきかた	文字のかたち かきじゅん かきぞめ	かきぞめ かくのながさとほうこう 1 2学期のまとめ	かくのながさとほうこう かいてつたえよう	1 かいてつたえよう しりたい文字のせかい	1 学年のまとめ 一年生で学しゅうするかん字	2 1
	2 こうえんであきをさがそう 1 はっぱやみであそぼう 2 みつけたあきをしょうかいしよう 1 あきのおもちゃをつくろう 2	2 あきのおもちゃをつくろう 1 みんなであそぼう 1 じぶんのものをふりかえろう	4 いえのひといっしょにしよう 4 じぶんでできることをしよう 3 ありがとうをとどけよう	あきまつりのため（あに）きたひとへのしょうたい 3	4 かぜであそぼう そとであそぼう ふゆのこうえんにいこう あたらしいねんせいしょうたいしよう	あたらしい1年生いっしょにあそぼう もうすぐ2ねんせい	2 3 2
	2 わはたいそう 2 どんなゆめ 2	おんがくらんど 2 ・どんなゆめ ・もりのくまさん いいおとみつけて ・おもちゃのシンフォニー 1 ・おどるこねこ（鑑賞）	いいおとみつけて 1 ・おもちゃのシンフォニー 2 ・おとのマーチ 1	にほんのうたみんなのうた ・たきび ・おしょうがつ ・おとのスケッチ ・がっきをつくってみよう ・ほしのおんがくをつくろう	・きらきらぼし ようすをおんがくで ・おどるこねこ ・すずめがちゅん ・もっとあそぼう ・もちゃのチャチャチャ ・おもちゃのへいたい	・おもちゃのへいたい（鑑賞） みんなのおんがくパーティー ・フルーツケーキ ・アイアイ ・うれしいひなまつり	1 2 1 1
	4 ドアのむこうに（絵） 1 かたちからうまれたよ（絵） なにになるかな（造形）	なにになるかな（造形） 1 いろいろぺったん（造形） 2	2 プレゼントをどうぞ（工作） 4	5 のってみたいな（絵）	4 ニョキニョキとびだせ（工作） 1 このなかまたち（立体） おはなしだいすき（絵）	4 おはなしだいすき（絵） 2 コロコロゆらゆら（工作） ともだちとさくひんをみあおう（鑑賞）	2 3 1
	3 走・跳の運動遊び 4 ゲーム 4	5 ゲーム 4 体つくり運動 表現・リズム遊び	4 表現・リズム遊び 体つくり運動 1 ゲーム 学期のまとめ 2 1	2 スキー 4 器械・器具を使っての運動遊び 2	2 スキー 4 器械・器具を使っての運動遊び 体つくり運動 ゲーム	4 ゲーム	9
	10 かたちあそび かずをさがそう 1 くらべかた 3つのかずのたしざんひきざん	5 おはじきならべ たしざん 3 ひきざん	1 ひきざん 4 たしかめのもんだい 3 おなじかずにわけよう 学習の深化・補充	6 大きなかず 2 2	8 大きなかず 2 たしかめのもんだい とけい どんなしきになるかな たしかめのもんだい かたちをつくろう おいぬきゲーム	4 1年のまとめ ばしょをあらわそう 2 あたらしい1年生がくるよ 1 かくれんぼ 学習の深化・補充	5 1 1 1 4

第６学年　年間教育計画

平成26年度　北広島市立大曲小学校

月	4月	5月	6月	7月	8月	9月
節	1（基礎）		2（基本）			
主な	始業式、入学式(6) 参観・PTA総会(12) 各種健診(8〜) 学力テスト(7・8) 家庭訪問(18〜) 1年生を迎える会(25)	参観(7,8,9) 避難訓練(8) 交通安全教室(13) 遠足(16) 集団下校(21) 運動会(31)	ジャンプ(4〜) 防犯教室(10) 市内特別支援学級宿泊(11) 5年宿泊学習(26) 開校記念日(28)	参観(1,2,4) 全校集会(18) 終業式(25) 夏休み学習室(28,29,30)	始業式(20) 全校平和集会(21) 夏休み作品展(21〜) 避難訓練(22) 地域公開・友愛セール(30) 校外学習(26)	3年校外学習(4) 4年校外学習(5) 6年修学旅行(10) 6年救命講習(19) 2年校外学習(25)
道徳	命との対比 信頼や友情を深める	1 自由な行動とけじめ 1 自然のすばらしさ 自分の役割を果たす 1 くじけない気力	1 各国の文化を大切にする 1 感謝の気持ちを持って 1 よりよい生活をつとめる 1 創造する態度	1 山を愛する努力 1945年8月15日日本が負けた日 1 自由の解釈	1 本当の親切とは？ 1 希望と勇気をもって	1 輝くとの大切さ 1 世界に視野を向けて 自分の学校を見つめる
特別活動	今日から6年生 0.5 学級開き 0.5 1年生を迎える会に向けて 2	1 委員会活動計画検討 0.5 がんばろう運動会	1 運動会評価 1 遠足に向けて 修学旅行に向けて	1 1学期の反省 1 楽しい夏休みにするために	1 規則正しい生活 1 児童会選挙に向けて	1 児童会役員選挙に向けて 1 学級組織作り
国語	学力テスト 風景/純銀もざいく リレースピーチをしよう 薫風	K 図書案内パンフレットを作る 4 漢字パズル 3 日本語をコンピュータで書きます 学んだことを生かして調べよう	5 学んだことを生かして調べ 1 敬意を表す言い方 1 三字以上の熟語の構成 2 春はあけぼの	4 熟語の意味 3 パネルディスカッションを 4 心を見せる言葉	2 心を見せる言葉 1 音を表す部分 3 川とノリオ	2 川とノリオ 1 言葉カードを作ろう 1 ひろがる言葉 イナゴ、鳥
作文	リレースピーチをしよう 2			随筆を書こう 6		
書写	はじめの学習	2 文字の組立て方「友情」	3 文字の組立て方「歴史」 1 硬筆の学習	3 文字の大きさ「日記」	1 配列を整えて書く	1 言葉のつながりと字配り「温かい心」
社会	学力テスト 縄文時代の暮らしウォッチング 国づくりへのあゆみ	1 大陸に学んだ国づくり 1 歴史新聞をつくろう 3 武士の時代にタイムトラベル 武士の時代が始まる	6 武士の時代が始まる 1 室町時代と力をつけた人々 1 全国統一への動き 3 幕府の政治と人々の成長	1 幕府の政治と人々の成長 1 にぎわう都市、花開く文化 2 歴史かるたをつくろう	1 新しい国づくりの足跡をたずねよう 3 新しい時代の幕開け	1 新しい時代の幕開け 2 二つの戦争と日本・アジア
総合的な学習の時間	大曲小の最上級生として「絆一度続する」 「わたし」ってどんな人？	2 職業体験計画（1年生のお世話へ） 様々な職業（農業の1年） 卒業タイムマシーン・ドリームツリー	1 仕事あれこれ発表交流 4 理想の大人像 1 個人の課題設定	3 新聞から見つけた大人 3 農園の整備	2 職業体験講座「働くということ」	3 収穫体験 働く職業体験
生活						
音楽	「おぼろ月夜」 「つばさをください」	1「マルセリーノの歌」 1「カノン」 1「ロックマイソウル」 1「ハンガリー舞曲第5番」	1 じゅんかんコードから音楽を作ろう 2「交響曲第5番運命第1楽章から」 3「世界の約束」	2「わらは海の子」	2「シェラザード第1楽章シンドバットの船」	2「シェラザード第1楽章シンドバットの船」 海のイメージから音楽をつくろう
図工	伝え合って 身近な環境で〈造形〉	1 身近な環境で〈造形〉 1 心にうかぶ夢の世界 わたしの小さな部屋〈立体〉	2 わたしの小さな部屋〈立体〉 2 どんな動きをするのかな〈工作〉	2 どんな動きをするのかな〈工作〉 1 取り出した形	2 光のハーモニー〈造形〉	2 表し方を工夫して〈絵〉
体育	体つくり運動 短距離走・リレー	3 体つくり運動 2 表現〈よさこいソーラン〉 ハードル	3 ボール運動〈ベースボール型〉 6 保健〈病気の予防〉 3	7 保健〈病気の予防〉 2 水泳	6 水泳	2 体つくり運動〈長縄〉 鉄棒
算数	学力テスト 文字を使った式 対称な図形	3 対称な図形 2 分数のかけ算 9 分数の割り算	3 分数の割り算 11 比例と反比例	7 比例と反比例 8 学習の深化補充 円の面積 7	7 円の面積 3 学習の深化補充	5 速さ 2 少数と分数の計算のまとめ
理科	学力テスト 空気と水と緑の地球 ものの燃え方と空気	4 ものの燃え方と空気 4 人の体のつくりとはたらき	4 人の体のつくりとはたらき 6 つりあいとてこ	7 つりあいとてこ 2 1学期のまとめ	9 土地のつくりと変化 3	土地のつくりと変化 植物のつくりとはたらき
外国語		Lesson1 Do you have a? 4	Lesson2 When is your birthday? 3	Lesson2 When is your birthday? Lesson3 I can swim.	Lesson3 I can swim. 1 Lesson4 Turn right. 1	Lesson4 Turn right.
家庭科	毎日の生活を振り返ろう 朝食のとり方を見直そう	2 朝食のとり方を見直そう 2	5 朝食のとり方を見直そう 健康的な生活を考えよう 夏の暮らしを考えよう 衣服の着方と手入れを考えよう	衣服の着方と手入れを考えよう 2 快適な夏の暮らしを考えよう 1	2 快適な夏の暮らしを実践しよう	2 生活に役立つものを作ろう 思いを形にしよう

136

校　第6学年　年間教育計画

	10月	11月	12月	1月	2月	3月
	3（充実）			4（発展）		
	全校絵画展(2〜) 学芸発表会(22,25) 4年音楽の集い(29)	研究発表会(12) 健全育成交流会(19) 思いやり集会(20) 参観(25,26,27) 読書月間	租税教室(16) 期末清掃(24) 終業式(25)	始業式(20) 冬休み作品展(21〜) スキー学習(~2/6)	新1年体験学習(12) 参観(16,17,20,24) 児童会選挙(19)	6年生を送る会(3) 卒業式(19) 修了式・離任式(25)
	家族を見つめる 礼儀正しい行動とは 生命について考える	世界の人々と自分を結ぶ 広い世界の小さな人間 命はだれのものか	正しい行動 広い心で 美しいものにふれる 謙虚な心で	謙虚な心で 先人の努力	かけがえのない自分 自分の国を考える 守ること、できること	クラス会の意義 ひとのために役立つ
	学級組織作り 学芸発表会について	読書月間に向けて かしのみとの交流会	冬休みの計画を立てよう 2学期の反省	規則正しい生活 冬休みの作品発表	卒業生を送る会に向けて 卒業式に向けて	卒業式に向けて 卒業式に向けて
	イナゴ、鳥 言葉は時代とともに 俳句・短歌を作ろう	同じ訓をもつ漢字 きつねの窓 「読書座談会」をしよう 漢字の読み方 ぼくの世界、君の世界	ぼくの世界、君の世界 主語を整える	意味をあわせもつ漢字	伊能忠敬 日本語の文字	日本語の文字 いろいろな四字熟語 先輩からの手紙 中学生になるみなさんへ
			意見文を書こう	表現方法を選んで書こう	表現方法を選んで書こう	
	横書きの書き方 筆記用具を正しく使って書いて伝えよう	読的教材「夢」「世界一番い列はだれか」	感想用紙を生かして書いてみよう	学習のまとめ「アジアの仲間」	学年のまとめ 学年のまとめ一色紙に自分の一文字を書こう	
	二つの戦争と日本・アジア 戦争から平和への歩みを調べよう 戦争と人々の暮らし 平和で豊かな暮らしをめざして	平和で豊かな暮らしをめざして レポートにまとめよう 学習のまとめ 町の公共施設を調べよう 身近なくらしと政治	身近なくらしと政治 憲法とわたしたちのくらし 政治の参加について話しおう 学習のまとめ	世界の人々とわたしたち 日本とつながりの深い国々	日本とつながりの深い国々 世界とともに生きる 社会科卒業文集をつくろう	6年生学習のまとめ
	農園の後始末 課題の見直し	仕事調べ	わたしの未来のイメー	わたしがつくる伝統とは？		未来への誓い
	海のイメージから音楽をつくろう	「ラプソディインブルー」 「明日を信じて」	「明日を信じて」 「ス　ワンダフル」	「カントリーロード」 「チムチムチェリー」 「すてきな友達」	「越天楽今様」 「春の海」 「八木節」	「交響曲第9番新世界より第4楽章」 「家路」 「ふるさと」 「さようなら」 「別れの曲」
	表し方を工夫して（絵） 織る、編む、組む（工作）	版を生かして（絵）	版を生かして（絵）	板から何が（工作） ドリームプラン	板から何が（工作）	ドリームプラン 味わってみよう、日本の美術（鑑賞）
	マット 幅跳び サッカー	鉄棒 跳び箱 高跳び 保健（病気の予防）	保健（病気の予防） 表現（フォークダンス）	スキー学習	スキー学習 マット バスケット タグラグビー	ネット型ゲーム
	角柱と円柱の体積 比 拡大図と縮図	拡大図と縮図 場合の数	学習の深化補充 6年生の総復習①	資料の調べ方	資料の調べ方 いろいろな単位 6年生の総復習② 数学の扉	数学の扉 学習の深化補充
	植物の体のつくりとはたらき 水溶液	水溶液 月と太陽	月と太陽 2学期のまとめ	電流による発熱	電流による発熱 電気の利用 生き物と環境	生き物と環境 学年のまとめ
	Lesson5 Let's go to Italy Lesson6 What time do you get up?	Lesson6 What time do you get up?	Lesson7 We are good friends.	Lesson7 We are good friends.	Lesson8 What do you want to be?	
	思いを形にしよう	思いを形にしよう 作ったものを使って確かめよう 1食分の献立を工夫しよう	家族が喜ぶ食事を作ろう	冬の暮らしを見つめよう 暖かさと明るさを工夫しよう	暖かさと明るさを工夫しよう 家族が喜ぶ食事を作ろう 食事をもっと楽しくしよう	これからの生活に向けて

第4章　「味噌汁・ご飯」授業を支える日々の取り組み　137

3 スタートカリキュラム

学習指導要領第2章「各教科」第5節「生活」第3「指導計画の作成と内容の取扱い」に、次のような配慮事項が挙げられている。

> （3）国語科，音楽科，図画工作科など他教科等との関連を積極的に図り，指導の効果を高めるようにすること。特に，第1学年入学当初においては，生活科を中心とした合科的な指導を行うなどの工夫をすること。
> （4）第1章総則の第1の2及び第3章道徳の第1に示す道徳教育の目標に基づき，道徳の時間などとの関連を考慮しながら，第3章道徳の第2に示す内容について，生活科の特質に応じて適切な指導をすること。

これを受け，本校でもスタートカリキュラムを作成した。

本校では毎年立ち歩きや脱走，反抗などの「小1プロブレム」問題にも頭を悩ませてきていた。集中が続かない1年生に「学習の仕方や姿勢」をいかに身につけさせるかは，切実な問題であった。4月から5月の初めまでの短期間ではあるが，生活科を中心として1単位時間を3つのユニットに分けて内容を設定し，それぞれを各教科等に振り分けた。

第3週 きゅうしょく だいすき					
●はじめての給食、学校行事等をとおして、学校の一員という自覚をもち、積極的に取り組むことで自信をもてるようにする。					
日	4月20日	4月21日	4月22日	4月23日	4月24日
曜	月	火	水	木	金
行事	発育測定（1・2・か）広教研全体協議会	家庭訪問②、1年給食開始	家庭訪問③	家庭訪問④ 聴力検査（1・か）	一年生をむかえる会
朝読書	読み聞かせ（静かに聞こう）	読み聞かせ（最後までしっかり聞こう）	読み聞かせ	読み聞かせ	読み聞かせ
朝の会	先生のお話を静かに聞こう	先生のお話を静かに聞こう	先生のお話を静かに聞こう	先生のお話を静かに聞こう	先生のお話を静かに聞こう
1	数えてみよう 算数：教室には何があるかな？（何が何個？）「なかよしあつまれ」・どこがちがうかな／学活：発育測定の受け方（手順、礼儀）	いつも元気に 音楽：リズム遊び、リトミック「かもうれっしゃ」／学活：声を友達に届けよう（声の大きさ、話し方）／生活：学校中の人となかよくなろう①「がっこうにいるひととなかよくなろう」	声に出して読もう 音楽：みんなでうたおう「かたつむり」／国語：ひらがなを読んでみよう。おもしろかった場面を話そう。「なかよし」	学校はかせになろう 生活：「学校たんけん」・学校の中で、もっと知りたいところを考えよう／国語：「がっこうのもじさがし」	みんなに伝えよう 音楽：リトミック・楽しく歌おり／国語：ひらがなを読んでみよう。おもしろかった場面を話そう。「なかよし」
2	発育測定 行事：・検査の受け方・待ち方・並び方・靴をそろえる 等	おはなしきかせて 国語：読み聞かせ「おはなしたくさんききたいな」／国語：ひらがなを読んでみよう。	みんなとなかよく 生活：学校中の人となかよくなろう②「がっこうにいるひととなかよくなろう」／生活：職員室の先生にごあいさつ（出入りの仕方）	聴力検査 行事：聴力検査・検査の受け方・待ち方・並び方・靴をそろえる 等	一年生をむかえる会 ・各学年の発表をしっかり見よう。しっかり聞こう。・みんなに感謝の気持ちをもって、出し物をしよう。・最後までしっかり参加しよう。

スタートカリキュラム

第4章

5 学びを促進する環境の整備

　日常の授業を充実させるには，環境の整備が欠かせない。本校では，全校で日常的に安全で児童の心を落ち着かせ，学びを促進する環境整備に努めている。また，毎学期1，2回の環境整備日を設け，全職員による計画的な環境整備を行っている。

1　靴箱・靴揃え

　靴をきちんと靴箱にしまえる児童は，落ち着いて一日を始めることができることが多い。反対に，乱雑な靴のしまい方をする児童は，朝保護者に叱られてきたとか友達関係の悩みがあるとかの場合が多い。まさに「靴箱は子供からの手紙」である。

　児童には，「自分の足を守って運んでくれたことに感謝して，脱いだ靴はきちんとしまいましょう。」と呼びかけている。そして，靴箱への靴のしまい方を教え，毎日複数の目で点検するようにしている。管理職が校内を巡視する際も，まず靴箱の点検から始めるようにしている。

2　教室前面

　教室前面の壁には，必要最低限のものを貼ることとしている。黒板の上は，「教育目標」と「学びの約束」のみ。黒板の右横には，「時間割」や「日課表」などのみ。黒板の左側は書棚となっているが，そこもカーテンで覆うようにしている。学級目標他の掲示物，時計などは，教室側面や背面に掲示するようにしている。

　これは，多数在籍している発達障害の児童への視覚刺激を減らす配慮の一

つである。前面に多くの掲示物を貼ってしまうと，その掲示物が気になり，授業に集中できない児童もいる。児童の集中力を高めるためには極力掲示物を少なくした方がいい。また，全教室が統一されていることで，変化に影響を受けやすい児童も落ち着く。

3 ICT

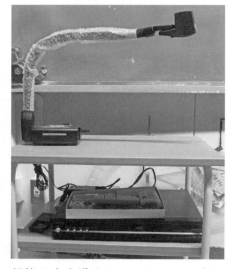

　全学級に実物投影機とそれを置く同一規格の台を導入している。この台には，DVDプレーヤーも設置している。また，パソコン等をつないですぐに使えるよう接続するコードなどを，使いやすい長さで束ね，配線している。配線は，天井からつり下げられたプロジェクターに接続され，黒板左端に設置された引き出し式スクリーンにすぐに映し出すことができる。

　なお，スクリーンを見やすくするため，全教室の前側には暗幕を設置し，視認性の向上を図っている。また，3色のホワイトボード用ペンを教室に常

備し，スクリーンに直接書き込んで指導できるようにしている他，指示棒を使ってスクリーンに影が映り込まないようにするなども心がけている。

↑天井に設置されたプロジェクター

↑社会の教科書の図や写真を取り込み，そこにポイントを加え，映しながら授業を進めている。

4　廊下・階段

　基本的に廊下には何も置かない。地震などの際，安全を確保するためである。例外は，国語辞典・漢字辞典などで，これは複数の学年・学級が利用しやすいように，廊下の端に壁に固定して設置してある。

　階段は，左右を示す矢印のシールを貼り，右側通行を促すため，中央部に造花を生けたペットボトルを置いている。安全確保の上からは，何も置かない方がいいのだが，児童の実態から，数を減らして設置することにしている。

5　体力・運動能力テスト挑戦コーナー

　本校では，体力や運動能力の低さも課題であった。そこで，空き教室に体力・運動能力テストの種目に自由に挑戦できるコーナーを作り，全国の5年生の平均値を掲示し，休み時間に教師がついて開放することとした。

　これにより，休み時間になると多数の児童がこの部屋を訪れ，めあてをもって挑戦するようになった。その結果，体

力・運動能力テストの結果も伸び，全国平均を上回るようになった。

6　うでだめシート

算数の基礎的な内容の１年分の学習プリントをオープンスペースの棚に常時設置してある。どの学年のどの単元のプリントでも自由に挑戦することができることとしている。プリントの裏には解答が印刷してあり，自分で答え合わせができるようになっているので，家庭学習や隙間時間に取り組むことができる。答え合わせをし，見直しをしたものは各担任へ提出することにしている。

うでだめシートの学年棚
（どの学年のシートでも自由にチャレンジできる。）

7　職員室・校長室

職員室の一面に，ガラス戸の戸棚があった。地震時には危険なので，これを撤去し，そこにコンパネの板をとりつけて引き戸とし，ホワイトボードシートを貼り，日常的な連絡を書き込めるようにしている。安全確保ととっさの連絡のため，一石二鳥である。

校長室からは，応接セットや名画，行事黒板などを撤去し，ホワイトボードと会議テーブル，掲示板，各種書籍や資料を収めた本棚を導入している。また，パソコンとつないだテレビモニターを，テーブルの方に向けて設置している。これにより，来客にプレゼンを見せたり，課題道場（155ページ参照）をしたり，各種打合せをしたりすることができる。

第4章

6 学習習慣・方法・内容を定着させる家庭学習

1 本校の家庭学習のねらい

本校では,家庭学習のねらいを,次の3項目として押さえている。

(1)「学習習慣」の定着

自ら進んで,継続的に学習に取り組もうとする姿勢を育てる。

(2)「学習方法」の定着

「知りたい」「学びたい」という興味・関心をもとに,追究の方法やまとめ方などを身につけさせる。

(3)「学習内容」の定着

学校での学習内容を復習したり,予習したりして,学習内容の定着を図る。

以上を踏まえ,全学年「**家庭学習＝宿題＋自学**」の方針の下,低・中・高学年別の「家庭学習ガイド」を配付し,家庭に理解と協力を求めている。「家庭学習ガイド」には,発達段階に応じた「家庭学習のめあて」「学習の特徴」「家庭での援助」「家庭学習の内容」を提示している。

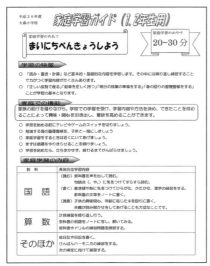
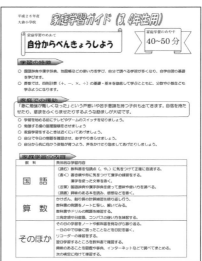

各学年の学習時間の目安は，宿題（10分）＋自学（学年×10分）としている。また，内容は2学年ごとに以下のように示している。

> ■1年生…20分程度（宿題10分＋自学10分）の家庭学習に取り組むことができる。
> ■2年生…30分程度（宿題10分＋自学20分）の家庭学習に取り組むことができる。
> 　○内容…読書，字や数字の練習，音読，計算練習，次の日の予習など
> ■3年生…40分程度（宿題10分＋自学30分）の家庭学習に取り組むことができる。
> ■4年生…50分程度（宿題10分＋自学40分）の家庭学習に取り組むことができる。
> 　○内容…音読練習，漢字の反復練習，短作文，計算練習，予習など
> ■5年生…60分程度（宿題10分＋自学50分）の家庭学習に取り組むことができる。
> ■6年生…70分程度（宿題10分＋自学60分）の家庭学習に取り組むことができる。
> 　○内容…漢字の反復練習，短作文，読書して内容をまとめる，計算練習，予習など

2　家庭へのお願い

家庭学習には，家庭との協力が不可欠となる。そのため，「家庭学習ガイド」には保護者の関わり方について以下のように載せている。

> 全学年に共通した家庭での援助の方法
> ○学習を始める前にテレビやゲームのスイッチを切りましょう。
> ○勉強する場の整理整頓をさせましょう。
> ○家庭学習をするときはできるだけ近くにいてあげましょう。
> ○学習を始めたら，立ち歩かせず，終わるまでがんばらせましょう。

3 家庭学習強化週間

　中学校の試験期間の1週間，中学校区の2つの小学校では，「家庭学習強化週間」を設けている。この期間は，通常よりも長めに家庭学習に取り組むよう各学年で指導し，年間行事予定や学校便り，学年便りで保護者にも周知する。外遊びやテレビを控えるようにも指導している。

4 各学年の取り組み例

(1) 1年生

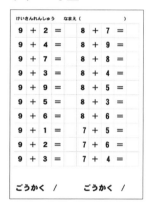

←1年生では，まず習慣化を図るため，宿題として，曜日ごとに教科を決め，国語・算数のプリントに取り組ませる。

←自学としては，漢字検定の練習，計算練習等の課題を示している。国語・算数の復習の仕方を定着させることをねらっている。

(2) 5年生

←5年生では，宿題より自学に重点を置き，児童と共に，メニュー表を開発している。Aメニューは，ニュースを読んで感じたこと等を書いている。

Bメニューは，漢字の練習や計算→練習，意味調べ等提示された課題の中から選んで取り組んでいる。

←担任からのコメントもやる気につながっている。

(3) 6年生

←左は5年生の初めに，担任より提示された「自学メニュー」。

↓下は，6年生になって，児童が自分で考えた「家庭学習メニュー」である。学習方法や学習内容を自分で考える力を身につけてきたことが分かる。

←左は3学期初めの6年生の家庭学習ノート。4月からの積み上げが，172冊になった。（卒業前には200冊に達した。）このような手立ても，意識化に役立っている。

第4章　「味噌汁・ご飯」授業を支える日々の取り組み　147

第 4 章

7 書く力を鍛える「論理作文」

1 「論理作文」とは

　「論理作文」は，野口芳宏先生（植草学園大学発達教育学部名誉教授。野中先生と同じく「学校力向上事業」のアドバイザーである。）が開発した作文の方法である。

　普通，小学校で書く作文は，自分の行為とそれへの感想を書く。それに対し，「論理作文」はある対象について引用や要約をし，それに批評的考察を加えるものである。

　各種検査の結果から，本校の児童は「書く力」が弱いという実態が明らかであった。書く力が弱いということは，考える力が弱いということである。この力の弱さが，学力の不振や生徒指導場面での指導の入りにくさに結びついていると考えた。そこで，考える力を鍛えるため，3年生以上の学年で「論理作文」に取り組むこととした。

　各学年での展開にあたっては，まず校長が導入指導にあたった。そして，担任が参観を通してそのよさや指導方法を理解・習得した後は，日常的に実践することとした。取り組んでみると，論理作文も「味噌汁・ご飯」授業になると実感した。以下のような特長があるからである。

　○準備が比較的容易である。
　○テンポよく実作でき，全員参加の授業になる。
　○作文の苦手な児童も集中して書くことができ，出来映えもよく，一定以
　　上のレベルが保障される。そのため本人や保護者が喜ぶ。本校の課題で
　　ある自己肯定感の向上に直結する。
　○パターンが一定しており，一度習得するといろいろな機会に活用ができ，
　　継続的に良質の作文が保障される。
　○実作に時間を確保するため，ユニット法では展開しないが，一時一事の
　　原則，フォローなどを意識して質の向上を図る全員参加の授業である。

2 「論理作文」の書かせ方

(1) 準備
　○作文用紙
　○サンプルの作文
　○作文の題材となる文章や映像
　○実物投影機など，児童の作文を適宜映し出す機器

(2) ４つのまとまりで内容を構成することを知らせる。

　通常の作文は，構成は児童にまかせられる。それに対し，「論理作文」は４つのまとまりで内容を構成するところまでを指定する。このまとまりを，それぞれ「発」（はつ）・「材」（ざい）・「析」（せき）・「束」（そく）と呼称する。

　各まとまりの内容と要件は，以下である。

まとまり	内容	要件
発	発意動機，契機，理由，意図	主体的であること。
材	適材，要約，引用，紹介	内容が身近で平易なこと，解釈が多様に成立すること，解釈過程で思考が練られること。
析	分析，賛同，批判・反論，批評	客観性と独自性のバランスをとること。
束	収束，まとめ，強調，確認	集約性と強調性をもつこと。

　ただし，段落は「発・材・析・束」の４つとは限らず，「発・材１・析１・材２・析２…・束」のように，適材の数によっていくらでも変化させることができる。

(3) 文体など

　文体は，常体を原則とする。また，数値を入れることが多いことが想定されることから，横書きを積極的に採用する。もちろん，縦書きでも書ける。

(4) 指導の段階

①サンプルを示し，構成原理を伝える。

②題材を提示する。

③各まとまりごとに実作させ，机間巡視で内容・要件に叶っているかどうかを評価し，叶っているものを適宜紹介し，判断が遅れたり不十分だったりする児童には真似をさせる。

④「束」と対応した題名をつける。

3 授業の実際…「給食はいる，いらない」

平成26年5月，校長は4～6年生の各学級で同一の題材で論理作文の授業を行った。以下，4年生での授業の概略である。

(1) サンプルを提示し，構成原理を伝える。

どの学年も，昨年度までに論理作文を書いたことがあったが，念のため本時とは違う題材による論理作文を提示して，4つのまとまりについて復習した。

(2) 題材を提示する。

本時の題材を，以下のように提示した。「ある学校のある学級で，『給食はいる，いらない』で，意見が分かれました。」(と，パワーポイントで以下の2枚のスライドを提示。)

「それぞれの理由は，この通りなのだけれど，みんなはどう考えますか？

今日は，その考えを論理作文に書いてみましょう。」

(3) 各まとまりごとに実作させ，評価・紹介する。

「まず，『発』です。ここは，このことを考えるきっかけを書きます。今日の場合は，私がみんなに投げかけたのですから，そのことを書くようにしましょう。例えば『校長先生がわたしたちに問題を出された。』のように書くんだよ。」と示した。（自分のことを，敬語を使うように指導するのは少し面映ゆいが，このような指導も大事である。）

数名がなかなか書けない。そこで，「まだ書けていない人は，あれこれ考えないで，『校長先生が"給食はいるか，いらないか"という問題を出された。』と書きなさい。何もしないでいるのが一番いけません。」と指示した。その声に押されて書き始めた児童をすぐに褒める。「おっ，書き始めたね。立派！」こうして，全員が書き始めた。そこで，書けた児童を何名か指名して起立させ，自分の文章を音読させる。

こんな小さなフォローが，全員授業には必要である。フォローをすれば動ける児童がたくさんいるという希望があるとも言える。「発」を全員が書けたことを確認して先に進む。

「次は，『材』。ここは引用か要約をするんだよ。」と再度確認する。そして，「『引用』は，そっくりそのまま写すことだよ。写すときには『　　』を使うこと。」「『要約』は，長い中味の大事なところを時間の経過でまとめること。文末は『〜という。』『〜と書かれていた。』『〜だそうだ。』などにするといい。」ということも教えた。さらに，「ただし，自分の意見はここには絶対に書かないんだよ。」と添えた。4年生くらいだと，ここが少し難しい。ここでも，書けた児童数名を指名して起立させ，音読させた。

「さあ，いよいよ『析』だ。ここが，論理作文の中心だよ。自分の考えをまず言い切ること，それにきちんと理由をつけること。理由はできたら仮定法（〜だったら〜になる）とか，自分の体験から反対の人を説得するような書き方ができたらいいね。」と要件を伝え，後は自由に書かせた。ここは，やや長めに時間をとり，早く書けた児童は立ち歩いて他の児童の文章を見て

歩いたり，担任や校長に相談してもいいこととした。

　ほとんどの児童が書けたところで，先に進む。「『束』は，ずばりと強調して締めくくる。『析』と同じことを，短く繰り返すだけでも効果的だけれど，もっと強い言い方をしてもいい。思い切って書いてみよう。」と投げかけた。このように，作文の要件をどんどん教え，その後は児童にまかせることで，基礎・基本の保障と個性の発揮の両方が実現する。

(4)「束」と対応した題名をつける。

　最後に，「束」をさらに凝縮した言葉を「題名」にして論理作文の完成である。

　このような指導の中で書けた作文（4年生）が，次のものである。

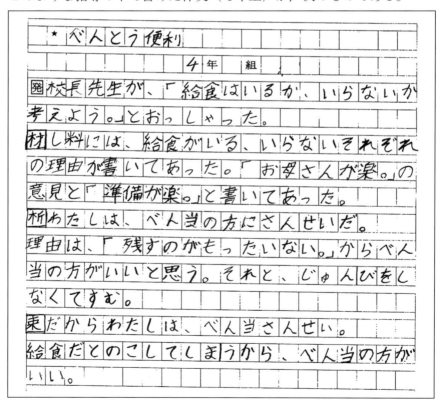

＊べんとう便利
4年　　組
囲　校長先生が、「給食はいるか、いらないか考えよう。」とおっしゃった。
材　し料には、給食がいる、いらないそれぞれの理由が書いてあった。「お母さんが楽。」の意見と「準備が楽。」と書いてあった。
析　わたしは、べん当の方にさんせいだ。
理由は、「残すのがもったいない。」からべん当の方がいいと思う。それと、じゅんびをしなくてすむ。
束　だからわたしは、べん当さんせい。給食だとのこしてしまうから、べん当の方がいい。

4 論理作文の発展的活用

　総合的な学習のまとめなどを論理作文で書くようにすると、効率がよく、また出来映えもいいものとなる。6年生では、修学旅行の報告文や卒業文集など、年間を通じてたくさんの論理作文に取り組んだ。
　論理作文は、導入の指導には少し時間はかかるが、いったん児童が内容や要件を理解すると、その後はどんどん自分の力で取り組むことができる。今後もどんどん書かせたい。

5 初任者研修の強力な武器として

　学校力向上事業の関係で、本校には毎年1、2名の初任者が入る。彼らの育成にも論理作文は強力な武器となっている。初任者の育成には自己の実践や考え方を省察させることが重要である。論理作文は、簡便な方法でそれを実現する。
　初任者は、テーマを示されて、年間で25〜30回論理作文を書く。1回の文字数は、1000文字程度。テーマは、時期に応じて次のように示される。

○児童と出会って　　○運動会を終えて　　○研究授業をして
○市内の施設を訪問して　　○1学期（2学期）を振り返って
○特別な支援を必要とする児童への対応　　○教育書を読んで
○これまで書いた論理作文を読んで　　等

　初任者たちは、これらのテーマに対し、必死に筆を走らせる。書くことで省察を深める。
　最後の「これまで書いた論理作文を読んで」は、たくさんの論理作文の中から、特に自分の成長にとって重要だと思われる節目の論理作文を選び、時系列で並べ、自分の成長を言語化する総まとめの論理作文である。自然に文字数も多くなり（5000〜7000字）、また内容も重厚なものとなる。各時期の「材」や「析」を振り返り、「今振り返ると、まだ甘い。」などと思える自分に気付く貴重な機会である。

この論理作文は，年度末に次年度の初任者の前で読み上げる。次年度の初任者は圧倒される。圧倒されるほどの学びをし，表現できるようになっていくのである。これは，論理作文という思考方法のかけがえのないよさである。

最後に「できた」と思えるように
　　　　　　　　大曲小学校　廣田　沙織

発　この1年間，さまざまな研修を受け，論理作文を書いてきた。1年で学んだことや気付いたこと，できるようになったことやできなかったことなど，自分自身を分析してきた。今まで書いた論理作文をもとに，自分の成長や変化，わかったことなどについてまとめていく。

材1　授業中の私語や人が話している時の態度について，何度か論理作文に書いている。5月の初任者研修第1期後の論理作文には，話す・聞くについて次のように書いている。
　「学習・生活規律については，学校全体で決まりがあり，子供たちが入学してからきちんと規律を守るように指導してきた。しかし，話す・聞くのルールが定着していなかったり，授業中に私語をしてしまう子供がいたりと，まだ不十分なところが多い。研修で学んだ通り，なぜ守らなければいけないのかを伝えはするが，少しでも私語したときに指導をし，何度も伝えていかなければ，子供たちに理解されないため，継続した細かい指導を心掛けていく。」(略)
　2月に書いた論理作文でも，授業中の私語について，「フォローして褒めるように気を付けているが，改善の兆しはない。継続して行うことや子供たちをひきつける授業改善が必要」と書いた。

析1　子供たちの私語について，今まで論理作文に書いたことは正しいことで，やってみて間違ってはいなかった。ルールはなぜ守らなければいけないのか理由を伝えたら，少しはよくなった。フォローを続けていたら少しはよくなった。しかし，これらのことが子供たちにとって一番必要なことではなかった。
　それがわかったのは，2月27日の松久先生(プール学院大学准教授)による「いじめや問題行動を防ぐあったか学級づくり」の講義だった。松久先生は，「子供たちを興奮させてはいけない。」という話をしていた。「授業に必要なことはひそひそ声にさせる。声が出ていたら，「声が出ているよ。」と指導するという話を聞くことができた。次の日から，それを実践してみた。するとすぐに効果が表れ，授業中の私語がぴたりとなくなった。特に，「子供たちを興奮させない。」ということに気をつけるため，…(略)

論理作文から生まれた新たな目標
　　　　　　　　大曲小学校　吉井　文乃

発　教師としての1年目が終わるにあたり，今まで書いた論理作文をふり返ってみた。節目ごとに自分がどんなことを学び，どんなことを考えていたのかを思い出すことができた。1年間のまとめとして，その時の自分と今の自分を比べ，学びを通して成長したことや，考え方が変わったことを省察していく。

材1　5月に学級事務の在り方についての講義があった。それについての論理作文には次のように書いてあった。
材「実際に仕事内容リストを見ながら，現在の自分はその仕事にどれくらいの時間を要しているのか思い出してみると，意外と細かな仕事にたくさんの時間がかかっていることを知った。そこで，仕事は時間や順番を決めることが効率よく良い仕事をするために重要であることを学んだ。
析「教師のやるべき仕事はたくさんある。自分自身もいつも仕事に追われている気分になっている。そのため，本当に時間をかけてやらなければいけない仕事や，自分が力を入れて行いたい子供に直接関わる仕事などに全力を注げないことがある。このようなことがないように，短縮してできるものはできるだけ早く終わらせる，計画的に優先順位をつけて行うことがより充実した仕事をするために大切なのだと考える。」

析1　今の自分も変わっていないといえる。期限がせまってからあせって取り組むことが多い。子供に関わる仕事を一番に考え，時間をかけるようにはなったが，あわただしくゆっくり考える時間がとれていない。また，人対人の仕事であるため，これからいつ何が起こるかわからない。なにか子供にトラブルがあったときに落ち着いて対応する気持ちの余裕も必要であると考える。今の状況を改善していくためには，やはり「見通し」が一番大切である。今年は1年間何もわからない状態で進んできたが，2年目からは先のことを少しは見通せるようになる。子供の1年後の姿を見通して指導するのと同じように，仕事内容も見通しをもって1つ1つに自分の全力を注げるようにしていきたいと思う。(略)

初任者・1年間のまとめの論理作文（冒頭抜粋）

　このように，論理作文は児童や初任者たちの考える力を育てるための，強力な武器となっている。

第4章

8 授業の課題を10分で明確にする課題道場

1 課題道場とは

「味噌汁・ご飯」授業では,「1時間の授業を10分で計画する」ことを目安にしている。短時間で1時間の授業を確かなものにするには,焦点を絞った取り組みが必要である。この課題道場もその一つの方法になると考えている。

では,どこに焦点を絞ればいいのか。課題に絞るのが有効である。

主要な発問や指示,板書(ノート)づくりなどももちろん有効であるが,それらを決定づける課題を,強く明確なものにすることは,とても効率がいい。

課題づくりには,おおむね以下のように取り組む。

A　課題を書く。
B　まとめを書く。
C　課題とまとめが正対しているかを検討し,課題とまとめを見直す。

Cは,AとBを考えた者とは違う者に学ぶのがいい。AとBを考えたら,「この課題とまとめでいこうと思っているのだが,どうだろう。」と他者の頭を借りて,10分程度のおしゃべりをするのである。本校では,これを「課題道場」と名付け,不定期に行っている。

例えば,翌日の授業に悩んだら,教科書等を抱えて校長室に出向く。本校の校長室は,ホワイトボードと会議テーブルを導入しているので,すぐに話し合いが始められる。(142ページ参照)

相談相手は,校長のときもあるが,学年の教師団が「場所を貸してください。」と訪れ,横から校長や教頭が口を出すなど,自由な雰囲気である。

写真は,8月のある日,6年生担任と校長が行った課題道場の際のホワイトボードである。簡単に,そのときの様子を再現してみよう。

(1) 総合的な学習の時間「職業体験」

　児童は，6つの職業をそれぞれ自分で選んで調べていた。本時は，それを発表し合い，比較させるため，職業の特徴を表すパネルを作成させる場面である。担任は，課題を「職業を比較しよう」（A），まとめを「職業の違いや同じところが分かった！」と考えた（B）。

　それを板書して検討に入る。校長は，「それでは活動のベクトルが弱くなるんじゃないだろうか。」と言った。「それに，子供たちの思考が高まり，子供たち同士が自然につながっていく場も見えてこないね。ここの課題は，『表』を提示して，課題を『6つの職業を表にして比べよう。』としてはどうかな。」と提案した。これなら，することがはっきりしているので，児童が意欲的になり，つながっていくのではないかというわけである。

　担任は，「なるほど！」と納得した。そこで，さらに児童が燃えるための導入を考えた。授業の冒頭に，「自分たちで選んだ職業について，他の職業と比べての特徴など言える？」と尋ねれば，「いや，他の職業のことがよく分からないから…。」のような反応が出てくるのではないか。それを受けて，「じゃあ，比べるためにみんなで表をつくってみよう。」と課題につなげると自然かな，などとおしゃべりが広がった（C）。

　あとは，その課題とまとめをつなぐ「場の設定」（児童の活動場所や時間配分など），必要最低限の「発問・指示・説明」，「評価とフォロー」，「個別対応」を考え，より明確な授業が見えてきた。

(2) 国語「パネルディスカッションをしよう」

　すでに児童は教科書を読んでいるので，パネルディスカッションの概略については，知っているとのこと。担任は，課題を「発表するパネルをつくろう」（A），まとめを「発表するパネルができた！」と考えていた（B）。

　しかし，校長は「ちょっと課題としては弱いね。これでは活動主義になってしまわないかい？」と発言した。児童は，パネルディスカッションをどうするべきなのか具体的には分かっていない。その状態で放してしまうと，児童は持ち前の力と思いつきの選択で動くしかない。それでは，学習活動の質

は保障できないし，下手をすると学級を荒らしてしまうことも懸念される。活動に放すには，児童を燃えさせ，自然につながっていくような課題でなくてはならない。

そこで，代案として考えたのが，「聞く人が思わず納得してしまう第1回発表（2分間）の準備をしよう。」である。この課題には，「聞く人が思わず納得してしまう」という質の規定と，「2分間」という明確な時間指定が入っている。この2つが強力な活動の条件・抵抗となり，児童の集中を産むのではないかと考えた（C）。担任は，「やってみます！」と表情を和らげた。

翌日の2つの授業では児童の活動が焦点化していた。また担任の児童への指導にもはっきりとした方向性が見えるようになっていた。

(3) 国語「漢字辞典の使い方」

漢字辞典の使い方を，どのように指導するか。担任は，次のように考えた。

課題は，「漢字辞典の使い方を知ろう」（A）。まとめは，「漢字辞典には①部首索引，②音訓索引，③総画索引の3つの調べ方がある」（B）。

これを検討する。まず，すぐに指摘されたのは，課題にもまとめにも，句点がないことである。これでは文として完結していない。板書された課題に句点がないと，児童のノートにも句点が抜けてしまう。文として完結していないものをそのままにしておくことは，細部に神経を行き渡らせなくてもいい，ということを教える「かくれたカリキュラム」になってしまう。このような小さな積み重ねが，学級を荒らすのである。要注意だ。

しかし，これだけではない。当初の課題案では，児童は何をどの程度学べばいいのかが不明である。つまり曖昧な課題だと言える。

検討の結果考えられた代案は，「漢字辞典の3つの使い方を知ろう。」であった。これなら，児童は「そうか。漢字辞典の調べ方は3つあるのか。この時間は，その方法を3つ習うんだな。しっかり覚えて，できるようにならなくては。」と思うことだろう。より明確でまとめに正対した課題になったのではないかと思う（C）。

おわりに

　本校では，平成25年度から研究部を廃止し，研修部として日常授業に視点をあてて取り組んできた。その取り組みを通して，日常の授業を大切にするという意識が高まり，少しずつ，前向きな研修の積み重ねができてきていると感じている。

　平成26年度からは有志による校内「味噌汁・ご飯」授業研究会を発足し，一人研究授業や課題道場などに取り組んでいる。この授業研究会に参加した私たちにとっては，これまでの経験にとらわれず，新しい授業像がイメージでき，小さな気付きをこつこつと積み上げることができた。とても貴重な機会となった。

　本書の執筆には，初任者から中堅，ベテランまで幅広い層のメンバーが関わったが，書かれているのは，本校の教職員全員の取り組みとその成果である。個々の研修の成果，そして，テーマについて協議したり授業スキル向上のために交流したりした中で見えてきた様々な具体的な工夫，そして共有できた日々の思いや悩み。素晴らしい授業の方法が確立できたというものでは決してないが，日々児童とふれあいながら，手応えを感じつつ失敗もしつつ取り組んできた「日常授業」の改善について文章にさせて戴いた。ともに研修を深めてきた校内の仲間に改めて敬意を表したい。

　読者の皆様にとって少しでも参考になり，勇気付けられる内容になればと願っている。また，これからの私たちの日常授業向上のために，新たなご示唆を戴ければ幸いである。

　ここに至るまでに，北海道教育委員会をはじめとする多くの方々に御指導，御助言を戴いた。特に野中信行先生には，アドバイザーとして授業をして戴いたり，御講演を戴いたりする中で，たくさんの御示唆を戴けた。この場を借りて，心よりお礼申し上げたい。ありがとうございました。

　平成27年7月

研修部長　岩﨑愛彦

〈執筆者紹介〉

本書は，校内「味噌汁・ご飯」授業研究会の8名が執筆した。なお，担当学年等は平成26年度のものである。(50音順)

石川陽一教諭
　初任者指導教員。毎年2名ずつ配置される初任者への研修，メンターチーム研修などを企画・推進。ユニット法（15ページ），4年授業（51ページ），述懐（110ページ）を執筆。

岩﨑愛彦教諭
　6年生担任。研修部長として全校の日常授業改善を推進。基礎学力保障（25ページ），6年授業（72ページ），コラム（80ページ），一人研究授業（104ページ），校内研修（114ページ），おわりに（158ページ）を執筆。

加藤優子教諭
　5年生担任。算数科が専門だが，「味噌汁・ご飯」授業では国語科に挑戦。5年授業（57ページ），一人研究授業（92ページ），コラム（111ページ），2つの検定（122ページ）を執筆。

林由佳教諭
　6年生担任。やんちゃたちを相手に激闘の1年を送った。ノートと板書（20ページ），6年授業（65ページ），一人研究授業（100ページ），コラム（112ページ），環境の整備（139ページ）を執筆。

廣田沙織教諭
　初任1年目。担任として，元気な1年生と格闘の日々を送った。1年授業（32ページ），一人研究授業（82ページ）を執筆。

三尾修士教諭
　教務主任。「学年年間教育計画」「基礎学力保障」など，本校のカリキュラムの番人として，目を光らせる。学習規律の確立（10ページ），コラム（30ページ），3年授業（47ページ），年間教育計画，スタートカリキュラム（131ページ），家庭学習（143ページ）を執筆。

吉井文乃教諭
　初任1年目。担任はもたず，6年生副担任としてジョブシャドーイング中。2年授業（39ページ），一人研究授業（87ページ）を執筆。

横藤雅人校長
　着任3年目。日常授業の改善のため，各学級で授業や指導をしている。はじめに（4ページ），教えて考えさせる授業（129ページ），論理作文（148ページ），課題道場（155ページ）を執筆。

【監修者紹介】

野中　信行（のなか　のぶゆき）

元横浜市立小学校教諭。初任者指導アドバイザー。『新卒教師時代を生き抜く心得術60』（明治図書）など新卒シリーズで問題提起をする。著書多数。

【編著者紹介】

横藤　雅人（よこふじ　まさと）

札幌市立小学校教諭，教頭，校長として勤務し，2012年より北広島市立大曲小学校長。北海道教育大学招聘教授。野中氏との共著『必ずクラスがまとまる教師の成功術！一学級を安定させる縦糸・横糸の関係づくり』（学陽書房）で，「織物モデル」による学級経営を提案。『その指導，学級崩壊の原因です！「かくれたカリキュラム」発見・改善ガイド』（明治図書）など著書多数。

【著者紹介】

北広島市立大曲小学校
（きたひろしましりつおおまがりしょうがっこう）
〒061-1273　北海道北広島市大曲柏葉2丁目14-6
TEL　011（376）2253
HP　http://www.school.city.kitahiroshima.hokkaido.jp/oomas/

〔本文イラスト〕木村　美穂

「味噌汁・ご飯」授業シリーズ

日常授業の改善で子供も学校も変わる！学力向上プロジェクト

2015年8月初版第1刷刊 ©監修者	野　中　信　行
編著者	横　藤　雅　人
著　者	北広島市立大曲小学校
発行者	藤　原　久　雄
発行所	明治図書出版株式会社

http://www.meijitosho.co.jp
（企画）木山麻衣子（校正）有海有理
〒114-0023　東京都北区滝野川7-46-1
振替00160-5-151318　電話03(5907)6702
ご注文窓口　電話03(5907)6668

＊検印省略

組版所　藤原印刷株式会社

本書の無断コピーは，著作権・出版権にふれます。ご注意ください。

Printed in Japan　　　　　　　ISBN978-4-18-194818-4

もれなくクーポンがもらえる！読者アンケートはこちらから　→